JN280478

アフリカと白球

友成晋也
Tomonari Shinya

文芸社

われらガーナ青年野球団

友成さん監督奮闘中

西アフリカのガーナ共和国で野球のナショナルチームが誕生、国際協力事業団(JICA)の現地駐在員で元高校球児の友成晋也さん(三三)が、政府から監督に任命された。メンバーの多くはサッカーの経験しかない。ユニホームはもちろん、グラブもボールも満足にない。それでも、めざすは二〇〇〇年のシドニー五輪。しゃく熱の太陽のもとで特訓を続ける一方、一時帰国した友成さんは中古の用具と資金の提供を求めて駆けずり回っている。

ガーナ共和国のナショナルチームにアドバイスする友成監督(左)=いずれも首都アクラで、青年海外協力隊員の橋本和典さん撮影

石ころグラウンド・スニーカー履き・麻袋ベース…夢は五輪

友成さんは慶応高校野球部時代、「正選手だったが、夏はいつも二回戦負け」。慶応大学野球部の時は「ついに神宮の土を踏むことなくスタンドから応援していた」。

そんな友成さんが一九九六年十一月、ガーナに赴任する際、事業団の倉庫の片隅に眠っていた野球道具一式を荷物のすき間に詰め込んだ。「休日にでも現地の少年たちを集めて野球教室を開こう」と思ったからだ。

スポーツ予算の九八%がサッカーに投入されるというガーナでは野球なんか見たこともない人がほとんどだった。それでも野球チームはあった。野球王国キューバに就労や留学で行っていた若者たちが、空き地で草野球をやっていた。そのうちにコーチを頼まれた。

だが、用具不足に加え、グラウンドは石ころだらけ。「危なくてノックも満足にできないし、ボールはすぐボロボロになる」。ほとんどの選手はサッカースパイクやスニーカーで練習している。ベースは麻袋を破き、中にスポンジを詰めて作った。

⑪ × ⑪

レベルは「日本でいえば、地区予選初戦突破が目標の高校チームぐらい」。それでもその熱意を伝え聞いた国家スポーツ評議会はナショナルチームを正式発足させ、今年四月、友成さんを監督に任命した。といっても、予算がつくわけではない。五輪出場には、アフリカ予選を突破してさらにオセアニア代表に勝たねばならない。

「君たちはこのまま楽しく野球をやっていたいか。それとも本気でシドニーをめざすのか」。ある日、友成さんはメンバーに問いた。全員「オリンピックに行きたい」。特訓を始めた。

⑪ × ⑪

脱落者が続出すると思ったが、二十数人のメンバーは逆に増えて三十人余りになった。バラバラにキャッチボールしていた彼らが、一列に並んで一対一でやるようになり、いまやブロックサインでヒット・エンド・ランや盗塁を決めるようにまでなった。

しかし、これからはばく大な海外遠征費もかかる。一通りの用具とユニホームぐらいはそろえたい。休暇で一時帰国した友成さんは、母校や企業をまわり、支援を要請している。「中古の野球用具でもいい。送ってほしい」と――。照会・送り先は東京・西麻布のガーナ大使館(電話03・5410・8631浅田倖子さん)。

麦わら帽にへっぴり腰。でも彼らは陽気だ

ノックを受ける表情は真剣そのもの

ガーナ・ナショナル野球チームを紹介する新聞記事(1998年6月18日付「朝日新聞」夕刊)

(記事中の写真:橋本和典氏提供)

GHANAIAN TIMES

Monday, April 20, 1998

Team Manager for baseball team

By Tina Aforo

THE National Sports Council has appointed Mr Shinya Tomonari, a Japanese baseball expert, as an honorary Team Manager of the Ghana National Baseball Team.

Mr Tomonari will be assisted by Mr Kenji Sharyo, of the ITOCHU Corporation Liaison Office in Accra.

Mr Joe Kwarteng, Chief Sports Development Officer announced this in Accra yesterday when he handed the appointment letter to Mr Tomonari at his office.

Mr.Kwarteng said the Council was hopeful that Mr Tomonari and his colleague would put their expertise at the disposal of the young and talented players to enable them to win laurels for the country.

Mr Kwarteng explained that baseball took off about five years ago and the nucleus of the team was made up of students who had returned from Cuba.

He said the problem had been the lack of technical expertise and equipment. However, since last year the two managers had been assisting the team to revive the sport.

Mr Tomonari thanked the Council for the appointment and said he would solicit for funds from his country to acquire equipment and to help the team to compete at the Olympic Games.

In Africa, baseball is played in Nigeria, South Africa, Kenya and Zimbabwe.

Mr Tomonari said Ghana could easily become the fifth country to compete in baseball and then continue to the Olympic Games.

He said the funds would also be used to train more people and get them interested in the game.

He said they would start this by establishing teams for students at some JSS and SSS in Accra.

• ***Picture — Mr Shinya Tomonari (second from right) receiving his letter of appointment as the National Base Ball Couch from Mr Joe Kwarteng, Chief Sports Development Officer, of the National Sports Council. Those with them are Mr K. Sharyo, and Mr A. Frimpong, the team captain.***

現地の新聞「ガーニアンタイムズ」紙に掲載された監督就任の記事

ボールを追う目が輝く
(写真提供：橋本和典氏)

ノックの嵐

(写真提供：橋本和典氏)

バントはこうやって……

日本全国から寄せられた善意

ボロボロになっても
使われるボール

いつもナショナルチームの練
習を見に来る少年たち

対ナイジェリア戦を終えて。GNカップが中央で輝く

シドニーオリンピック予選開会式には、ガーナの民族衣装を着て入場行進した

車の群れをぬって果物などを売り歩く

野口英世が黄熱病研究に使った顕微鏡

人でごった返す市場

アクラ遠景

アフリカと白球

灼熱の大地アフリカに
野球でオリンピックを目指す
若者たちがいる

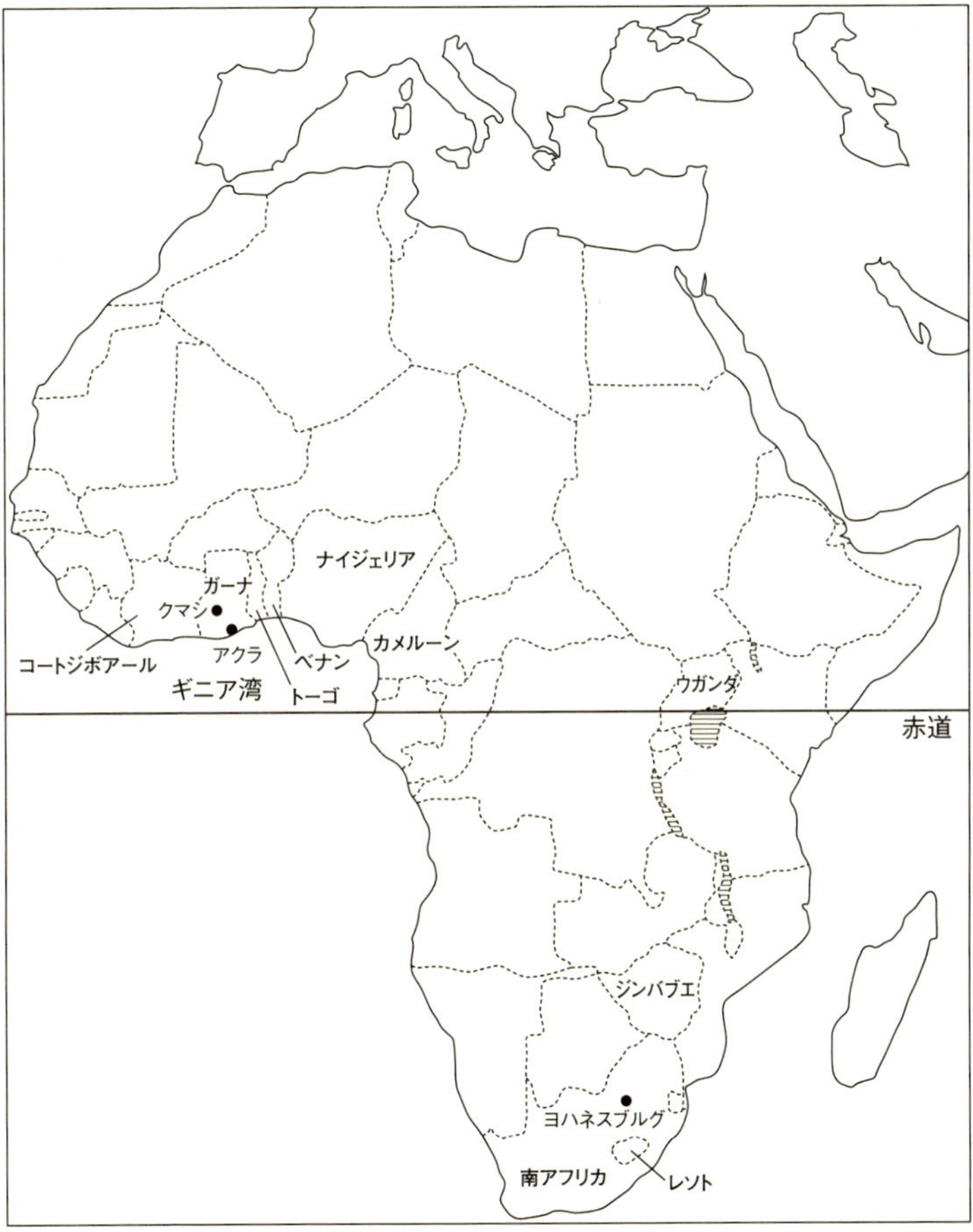
ナイジェリア
ガーナ
クマシ
アクラ
コートジボアール
ベナン
トーゴ
ギニア湾
カメルーン
ウガンダ
赤道
ジンバブエ
ヨハネスブルグ
南アフリカ
レソト

ガーナ共和国のあらまし

面積：238,537km（日本の本州に相当）

人口：約1903万人（2000年現在）

首都：アクラ（人口約184万人）

人種：アカン族、ガ族、エヴェ族、ダゴンバ族、マンプルシ族、ほか多数

言語：英語（公用語）、現地の言葉として、チュイ語、ガ語、ファンティ語、エヴェ語、ハウザ語、ほか多数

宗教：国民の約半数がキリスト教、15%イスラム教、その他伝統的宗教

主要産業：農業（カカオ豆など）、鉱業（金など）

一人当たりGNP：330米ドル（2000年）

略史：1957年英国より独立。初代大統領はエンクルマ。その後25年間に4回のクーデター。1992年に大統領選挙でローリングスが選出され、以降民主的な選挙が定着。2000年には選挙による与野党の政権交代が平和裡に行われた。

在留邦人：255人（2001年10月現在）

＊本文中、敬称は略させていただきました。

目次

序章　アフリカ

「えっ？　ガーナの母親は、赤ちゃんが死んでも泣かないんですか！」

ここは、西アフリカ・ガーナの、とある地方都市の病院の一室。常夏のこの国の陽射しは強い。薄暗い部屋の窓の外は抜けるような青空。ちょっと強めの風が吹き、パームツリーの大きな尖った葉がゆさゆさと揺れている。

室内には錆《さび》かけた鉄パイプ製の簡素なベッドがいくつも並ぶ。病室の片隅で、四十代半ばくらいのふくよかなガーナ人の看護婦が、表情を変えずにせわしなく、手元の作業台の機材や道具を整理している。

彼女のすぐとなりのベッドに痩身《そうしん》の女性が上半身をおこし、薄い毛布を肩からかけ、水色のワンピースの裾《すそ》から出た細い足を投げ出している。看護婦とは対照的に、彼女はほとんど動かない。

その女性が産んだ赤ちゃんは、生まれて間もなく、母親に一度も抱かれることなく、その命を落とした。

しかし、母親は、褐色の顔に光る大きな目を見開いたまま、乾いた口元を軽く締め、まるで蝋人形のように無表情なままだ。

「やっぱり、ガーナの母親は、赤ちゃんが死んでしまうような不幸に慣れてしまっているから、あんまり動揺しないということなんでしょうか？」

初めてガーナの産科病室の様子を見た私は、いたたまれず、隣に立つ年配の日本人助産師に問いかける。

人口約一千九百万人のガーナでは、毎年五十万人以上の赤ちゃんが生まれるが、そのうち四万人近くが、産まれてまもなく死んでしまう。ガーナでは死産は珍しいことではない。

「それは、違うんですよ」

日本からガーナに国際協力事業のため派遣されている彼女は、視線を母親に向けたまま、落ち着いた口調で、独り言のように言う。

「ガーナには、涙を見せると、次に生まれてくる赤ちゃんがまた同じ運命に遭う、という残酷な迷信があるんです。だから、母親は泣かない。というより、涙を出さないように、必死に自分と闘っているんです。次に産まれてくる生命のために」

なんてせつない話なのだろう。泣かないんじゃなくて、泣けない、だなんて。

「やはり、問題は医療技術や衛生環境が十分でないからなんですか？　それとも医薬品などが入手できないことですか？　何が一番の原因なのでしょうか」

さらに問いかける私に、彼女は、一瞬あきらめの表情を浮かべながら答える。

「それはたくさんの要因があります。でも、すべての根源は、やはり『貧困』ということなんじゃないですか」


アフリカは、貧しい。

では、その原因は何なのか。

かつて、たくさんの民族、宗教、文化のもとに多様な社会を築いていたアフリカ大陸は、十六世紀ごろから、ヨーロッパ諸国がアフリカに進出してきたことにより、世界が一変した。

土地を略奪され、文化を破壊され、そして多くの働き盛りの人々が、奴隷としてヨーロッパ、南北アメリカへ送りだされてしまった。その数は一千数百万人ともいわれている。

以後、第二次世界大戦が終わり、一九五〇年代後半を皮切りに、多くのアフリカの国々が独立するまで、ほぼ全アフリカは植民地として支配され、搾取されてしまう。

それぞれの国が独立を勝ち取り、宗主国であるヨーロッパの国々が引き揚げていったとき、そこに残されたものは「貧しさ」だった。

アフリカの問題は、劣悪な保健、衛生、医療の状況だけではない。

なかなか進まない下水道、電気、道路、橋などの社会基盤整備。遅れている農業技術。そして、不十分な教育体制。

アフリカの中には、石油や鉱山などの資源のある国もあるが、多くの国々は、農業生産が経済を支え、ひとたび天候不順に見舞われれば、国全体の生死にかかわる厳しい状況に陥ってしまう。

この状態を打開するため、国家としての体制をしっかりと築かなければならないのだが、植民地から解放されたアフリカには、そのノウハウを知る人材が不足していた。人材を育て活用するシステムも適切な環境もない。高等教育を受けた貴重な人材は海外に流出して行く。長く続いた植民地時代の弊害である。

このような背景もあり、アフリカには、公平な選挙を経て政治リーダーを選出するという民主的な制度がなかなか定着せず、国民に意識として十分に根付かない。いまだに独裁的なリーダーが中心となって国造りを行っている国が多い。

アフリカは、貧困からの脱却、民主的な社会の実現が大きな課題となっている国が、二十一世紀を迎えて今なお大多数なのである。

そんなアフリカの西側、赤道直下の海に面した小さな国、ガーナ共和国に、私は会社の現地事務所の所員として勤務するため、三年間住むことになった。

飽食日本からやってきた一介のサラリーマンとして見たガーナ。その姿は、想像以上に過酷な環境に映った。

ガーナの首都、アクラを車で走ると、赤信号で止まるたびに物売りが車の回りを取り囲み、食べ物、雑貨、工芸品等、いろんなものを両手にかざして売りに来る。

売り子は主に若者たち。しかし、中にはまだ学童であろうと思われる少年少女たちも、汗をいっぱいかきながら、必死になって商品を買ってもらおうと、車の窓ガラスにぴったりくっついて品物を示す。

彼らは学校に行けない。この国の小学生で実際に学校に通える子供は約半分。大家族が多いガーナの家庭では、子供は貴重な労働力となっている。家族が食べるために、厳しい家計を支えるために、学校に行きたくても行けない。

ひとたび地方に足を運べば、その貧しさは一段と厳しさを増す。

たとえばキャッサバやヤムイモなどガーナ人の主食になる作物を栽培している一家は、家族全員で助け合いながら働く。

水道はないので、一家の主婦は、水を求めて灼熱《しゃくねつ》の太陽の下、子供たちを伴い、何キロもの山道を毎日往復する。

誰かが病気になっても、薬屋が近くにあるわけではない。まして病院があるわけでも、医者がいるわけでもない。

電気がないから、薪を使う。そのために森林が伐採されていく。

子供たちは何時間もかけて学校に通うが、生活が厳しくなれば学校どころではない。

しかし、である。こんな状況にもかかわらず、ガーナ人は明るい。悲愴感がない。

ガーナという国が、世界的に見ても貧困な国であることを、彼ら自身は知っている。では、その明るさはどこからくるのか？

初対面なのに「ヘイ、マイフレンド！」

何があっても「ノープロブレム！」（問題ない）

約束した時間には平気で遅れ、すぐに言い訳をし、笑ってごまかす。

そして何かというと「ゴッドブレスユー！」（神のご加護あれ）

もともとの国民性なのか、陽気で温和で、どこか憎めないガーナ人。

そんなガーナに、私は「野球」を持ってきた。

学生時代から社会人になって今なお、野球が三度のメシより好きな私は、初めて住むアフリカで、近所の子供たちにキャッチボールの楽しさを教えてあげたいと考え、日本から野球道具を持ち込んだ。

そんな私の野球に対する思いが、野球を始めたばかりのガーナの青年たちとの出会いで、思わぬ方向に展開する。

人種、文化のギャップや野球に対する取り組み方の違い、そして、それを取り巻くガーナ社会の貧困で厳しい環境。

スポーツどころではない、生活に追われる環境に置かれた彼らにとって、野球とは何か。野球の果たせる役割は何なのか。

ガーナでたったひとつの草野球チームが、やがてナショナルチームとして国に認められ、オリンピック出場を目指す。初代監督となった私がガーナ人と同じ目標を持ち、共に過ごした日々が、その答えを語ってくれる。

第一章　出会い

日本食とマラリアのガーナ生活

初めて足を踏み入れた、常夏の国ガーナは、朝から晩まで蒸し暑かった。

私は、国際協力事業団（平成十五年十月より国際協力機構に改称）の職員。英語では、JAPAN INTERNATIONAL COOPERATION AGENCYと言う。社名の頭文字JICAをとって、ジャイカとも呼ばれる。ジャイカは、日本政府が途上国への援助を行うにあたり、その実施機関として、国際協力の事業の運営や管理を行う、外務省管轄の特殊法人（平成十五年十月より独立行政法人）である。日本で知名度はそれほど高くない組織だが、途上国ではソニー、トヨタ、三菱クラスの大きな存在感があるところもある。

国際協力といっても、いろんな事業がある。専門家を派遣したり、途上国から研修員を受け入れて、日本で技術を修得してもらったり、必要な機材を贈与したり。青年海外協力隊もジャイカの事業のひとつである。ジャイカの職員数は約一千二百人。そのうち約三百人が主に途上国にある七十五の海外の事務所に勤務している。そのうちのひとつ、ガーナ事務所の所員としての駐在を命ぜられ、平成八年十一月、私は初めての海外勤務に期待と不安を抱きながら、未知なる大陸、アフリカに足を踏み入れた。

ガーナに着いてまずびっくりしたこと。それは、見渡す限り黒人ばかりという光景だ。ガーナは黒人社会であるということは、知識としては当然あっても、いざ現地に着いて肌でそれを感じると、その見なれない風景に圧倒されてしまう。

私が住むことになった町は、ギニア湾に面する首都アクラ。海が近いのに潮の香りはあまり感じることがなく、強い陽射しと湿気に覆われている。約百八十万人が住むこの町には三階を越える高い建物は多くない。とても一国の首都とは思えない、田舎っぽく、垢抜けないこぢんまりした町だが、幼少時代に西日本の田舎で育った私には、どこか懐かしくほっとするものを感じさせた。

ガーナ人の身なりは千差万別である。ラフなシャツや短パン、スカート姿が多いが、ケンテといわれるカラフルな伝統的織物をまとっている人も多い。ビジネス街であれば、日本と同じスーツ姿の人もちらほら見かけることができる。

繁華街にはそれなりにきれいなスーパーや雑貨店、ブティック、飲食店などが立ち並ぶが、路上では頭の上のかごにお菓子や野菜、果物を載せた女性が、道行く人にそれを売っている。

レストランは、外国人向けのイタリア、フランス、中華料理などもあるが、町中で一番多いのは小さな屋台やチョップバーといわれるガーナ料理の店。ガーナ人の主食は、キャッサバやヤムイモ、プランテーン（調理用バナナ）を粉にしてついた、見た目がもちのようなフーフーや、とうもろこしの粉を水でこねてゆでて発酵させ、つんと鼻につく匂いになるバンクーなど。それを魚や肉などの具の入ったスープに入れて食べる。スープは見るからに辛そうな、赤とうがらしやパームナッ

粉をついてフーフーを作る
（写真提供：橋本和典氏）

ツがたっぷり入ったものが主流で、ピーナッツをすりつぶしたちょっと甘いものなどもある。

しかし、辛いもの、発酵したものが苦手な私は、普段の食事は自宅で済ませる。人件費が安いガーナでは、外国人は通常お手伝いさんや門番、運転手を雇うのだが、私も例外ではない。毎日の食事は、住み込みのお手伝いさんが、私が日本からもってきた食材で、ごはんと味噌汁を作ってくれる。以前仕えていた日本人に教わったという彼女の腕前は見事で、予想もしなかったガーナでの日本食生活はまことにありがたかった。

また、アクラでは、治安の関係で、外国人は外国人向けの住宅地にある一軒家に住むのが慣習で、私も日本であればかなりの邸宅といえる家に住むことになった。広すぎて落ち着かないのだが、外国人が入れる家は大きい家しかないのである。コソ泥が多いアクラなので、三人の門番が二十四時間体制で私の家を守ってくれた。

このように、ガーナでの暮らしは日本とガーナの経済力の違いを感じさせ、また、文化や習慣の違いにとまどいを感じさせられたが、赴任前に想像していたほど生活環境には違和感がなく、すぐになじむことができた。

しかし日本人がこの地で暮らしていく上で過酷なのは、気候とマラリアである。気温や湿気だけならば日本の夏とそう大差はない。だが、日本であたりまえのように安定供給される電気が、水力発電に頼るガーナでは、慢性的な水不足により、たびたび停電した。すなわち、クーラーはおろか扇風機も使えなくなるのである。停電の夜などは、暗闇の中、汗地獄を迎え、のどが渇いても冷蔵庫が止まっているので冷たい飲料水ももまままならず、最悪である。また、マラリアは、蚊が媒介する感染症で、三日以内に適切な治療を受けないと死に至る危険のある恐い病気である。免疫のない日本人がかかると、高熱やめまいに見舞われ、体力を奪われてしまう。実際私は三年間のアフリカ滞在中、三度マラリアを患い闘病した。蚊にさされぬよう常に緊張感を持って生活しなければならない精神的負担は大きかった。

自称・ナショナルチーム

私の会社での業務は、ガーナにおける国際協力事業の運営、管理のほか、事務所の総務、労務、経理など多岐にわたった。ガーナに対する日本の協力事業は年々増加しており、事務所勤務は極めて忙しい。過酷な気候や生活条件に慣れる間もなく、着任早々慌ただしい毎日が始まった。

しかし、赴任して二週間くらいたったころ、思いがけないことを知る。

「今度、ガーナの野球チームと野球の試合をやるんですよ。友成さんもどうですか?」

同じ事務所で働く青年海外協力隊事業を担当する同僚が言う。

「ガーナに野球があるんですか?」

野球は、アジアやアメリカ大陸で楽しまれているが、アフリカに野球があるという話はほとんど聞いたことがない。

怪訝《けげん》な顔をしたであろう私に構わず、三十代中ごろの彼は、無精髭《ぶしょうひげ》をいじりながらちょっと得意げに続けた。

「自称ナショナルチームの草野球チームです。詳しいことはよくわからないんですけど、協力隊員のひとりが、野球チームのメンバーと親しいらしくて。協力隊員でも、野球が好きな人が多いので、たまに、隊員を中心にチームを作って、練習試合をするんです」

「そのナショナルチームは強いんですか？」

「素人の協力隊チームとやって、いい試合になるんです。これまで、三、四回試合をしているんですけど、隊員チームが一度勝ったことがあると思います」

　素人相手に負けるなんて、はなはだ情けないナショナルチームである。

　私は、早速、協力隊チームの取りまとめ役を務める平川貴章隊員と連絡をとった。彼は、地方の高校で理科、数学を教える先生であるが、大学時代は体育会野球部に所属していた、笑顔の爽やかな明るい好青年である。

「友成さん、今度の試合、一緒にやりましょう。結構いい試合になるんですよ」

「ガーナに野球があるとは思いもしなかったよ。まして、自分も野球ができるなんて」

　私は、中学以来、高校、大学と、ずっと野球部に所属していた、野球大好き人間である。大学を卒業したあと、総合不動産会社に就職したが、入社後はあまりに忙しくてしばらく野球から離れていたことがあった。

　しかし、社会人二年目に元気だった父が突然他界した。それがきっかけとなり、今、自分がやりたいことをやろう、という思いから、会社で野球チームを作って、「真剣に」草野球を始めた。

そして社会人五年目に、以前から抱いていた「国際的な仕事をしたい」との思いを遂げるためジャイカに転職する。その後は、前職の会社とジャイカの両方の野球チームに所属して草野球を続けてきた。野球あっての我が人生、である。

しかし、ガーナに赴任が決まったとき、ガーナに野球はないだろうし、当時三十二歳だった私は、年齢的にももう真剣に野球をやることはないだろうと覚悟していた。それだけに、ガーナに来てまた野球ができるというのは、驚きであり、嬉しかった。

「平川君、ナショナルチームって、どんな人たちがやっているんだい？」

「僕も詳しいことはよくわからないんですけど、野球が盛んなキューバに行ってた人とかが集まって作ったチームらしいです。だから、ルールはよく知っているし、もともと体力はあるから、それなりの試合になるんです」

「隊員チームが、一回勝ったんだって？」

「さすがにそのときは、彼らはショックだったみたいですね。なんせ、自称ナショナルチームが、日本人の素人集団に負けたんですから。その試合は、最初から日本人チームをなめてかかっていたので、油断したんでしょう。その次の試合は、最初から全力でやっていましたよ」

「それで、どのくらいのスコアなの？」

「ガーナが勝つときは、十得点くらい、日本人チームは、三、四点くらいですね」

「結構いい試合になるんだね」

「ええ、真剣に楽しめますよ」

真剣な草野球。これほどおもしろいものはない。

私にとって、学生時代の野球は、常に体育会野球部での活動だった。日本の伝統的な野球部にありがちな、封建的なシステム、すなわち、上級生と下級生の関係をわきまえながら、毎日練習に明け暮れ、レギュラーを目指して頑張る、あるいは耐える、というなかで、ずっと野球をやってきたのである。

だから、大学を卒業し、試合が中心の草野球をやるようになって、本当の野球の楽しさを思い出すことができた。一生懸命、投げて、打って、走る。失敗を恐れず思い切ったプレーができる楽しさ。

「よし、平川君、試合に備えて練習しよう」

「いいですね！　野球が好きな隊員が喜びますよ」

意外な第一印象

十二月のガーナも、暑い。なんといっても、緯度は北緯四度。ほぼ赤道直下にあり、海に面した平坦な国なので、一年中暑い。正確にいえば、七月、八月はやや凌《しの》ぎやすい涼しい季節になる。といっても短パンにティーシャツで十分な程度である。

試合は十二月下旬の日曜日に行われることになった。赴任して一ヶ月ちょっとの時期である。場所は、アメリカ大使館の所有する公共施設で、スポンサーの名前をとっているのか、「バドワイザーフィールド」と呼ばれている。このグラウンドは本来ソフトボール用に作られているが、バックネットもあれば、ベンチもある、立派な施設だ。全面芝で、塁間とホーム付近が土になっている、いわゆるアメリカ式の野球場である。しかしソフトボールサイズなので、塁間を広げて使わなければならず、実際にベースを置くところは、芝生の上になってしまう。

試合は午前九時開始。自称アクラ全日本チームは、一週間前の休日と、前日土曜日も練習を行って試合に備えていた。

全日本チームは、集合時刻八時には、すでに全員が集まっていたが、その時間にガーナチームはまだ誰も来ていなかった。

「ちゃんと来るのかな?」

途上国=時間にルーズという先入観から、とんでもなく遅れてくるんじゃないかと危惧《きぐ》していると、平川隊員が言う。

「いつも試合時間あたりには、なんだかんだで試合ができる人数が集まりますよ。試合が始まってからも、選手の人数が増えていきますすけど」

全日本チームといっても、統一したユニフォームなどない。しかし、何人かは、日本から持ってきているのか、野球のユニフォームを身につけている隊員がいる。かくいう私も、草野球はまずカッコから、ということで、上下ばっちり決まったジャイカ野球部のユニフォーム姿である。しかし、大方はティーシャツと短パンかジーンズだったりする。

若い隊員が多いので、一番年長の私が自然と音頭をとり、レフトのあたりで準備体操からキャッチボール、トスバッティング（軽く投げたボールを軽く打ち返すバッティング練習）を行った。

これらがそろそろ終わろうかというころ、ふと振り返ると、一塁側のベンチの後ろに何人かのガーナ人が姿を現し、着替えを始めていた。自称全日本が練習を終えベンチに帰ってくるころ、その人数はもっと増え、試合が成立するだけの人数になっていた。

試合開始時刻の九時。ある程度人数がそろったからか、おもむろにガーナチームが動きだした。準備運動として、ばらばらながら一団となってランニングを始めたのである。

まず、最初にびっくりしたのは、彼らにユニフォームがあることだ。上下真っ赤なユニフォーム。キューバのナショナルチームのユニフォームと同じ、赤である。ただし、マークもなにもついていない。ただ単に赤いだけである。しかし、黒人には赤が似合う。全員が真っ赤なユニフォームに身を包み、キャッチボールをやっているだけで、ものすごく強く見える。

準備運動はあっという間に終わった。


九時二十分。試合が始まった。

自称全日本が先攻。ガーナチームが最初に守る。ピッチャーは、背が高く、大きくふりかぶってしなやかなフォームで第一球を投げた。

「ボール！」

ガーナ側から主審を務める男が、ピッチャーの後ろで力強くコールする。審判は、投球のジャッジから各塁のジャッジもひとりで行うため、ピッチャーの後ろに立っている。

速いぞ！

第一球は、高めにはずれたが、遠目にその球はすごく速く感じた。キャッチャーも一応サインを出しているような様子。雰囲気はメジャーリーグである。二球目、ストライク。三球目、ストライク。自称全日本トップバッターが追い込まれてしまった。ファールを挟んで、五球目。高目の速球をバッターが打ち上げ、二塁手がつかんでワンアウト！

おいおい、素人相手とはいえ、やるじゃないか！

アフリカのガーナに、野球があった……。

などと感慨にふけっているあいだに、二番、三番が四球とエラーで、いつの間にかワンアウトランナー二塁、三塁。自称全日本の四番バッター登場である。先制のチャンスでもっとも頼りになる四番。それが、なんとこの私である。

私は身長百七十センチ。野球選手としては小兵である。足は速かったので、高校時代は内野安打やドラッグバント（内野安打ねらいのバント）で打率を稼ぐ選手だった。守備が大好きな私は、非力なバッティングが常に課題だった。その自分が、なんと四番。私の現役時代を知っている人間だったら笑い話ものなのだが、ここガーナではただでさえ人数が少ない上に、経験者はごくわずかということでの抜擢《ばってき》。ここは打たねば。

気合いの入った私は、大きく素振りを二度、三度行い、打席に入った。ボールは速そうだが、球は軟球。当てればなんとかなるだろう。

ピッチャーが振りかぶると同時に、それまで目一杯長く握っていたバットを少し短く握り変えた。

第一球。一塁が空いているので、大きく振りかぶって豪快なフォームからくり出されたボールは外に低くはずれた。

あれ？　打席に入ってみると、あんまり速くないぞ。

二球目も外に、今度はややスライダー気味のボールがまたもはずれて、ツーボール。スライダーがストレートとあまり変わらないスピードで、しかもキレがない。実はボールは見かけほど速くなかった。真っ赤なユニフォームと豪快な投球フォームが、錯覚を起こせていたようだ。スピードは、恐らく百二十キロも出ていない。

これは、俺でも打てる！

三球目のストレートを、自信をもってコンパクトなスイングで弾き返した打球は、二遊間を抜けてセンターに達し、二者生還、二点を先制した。ベンチと観客席は湧いている。

役割を果たし、一塁ベース上でほっとして胸をなで下ろしていると、ピッチャーが再び一塁ランナーの私を見ながらセットポジションに入った。

このピッチャー、見かけはイケてる。ピッチャーとしての基本動作が決まっているのである。けん制を誘うため、少し大きめのリードを取ってみた。すぐさま、ピッチャーがプレートをはずして、一塁を見る。なおもリードを取っていると、けん制がきた。動作が大きいが、タイミングがいい。あやうくアウトになるところだった。

これ以上けん制をされると息があがってしまうので、控えめなリードにしていると、次のバッターがショートゴロを打った。一塁ランナーの私は二塁に向けて走りながら、まさかダブルプレーはできまい、とたかをくくっていた。すると、ショートがとってすばやくセカンドへ。そしてセカンドに入った二塁手がとって一塁へ送って、アウト。ダブルプレー完成である。

やるじゃないか！　こりゃあ、なめてかかったら、簡単には勝てない。

私は、思っていた以上に野球を知っているガーナチームの選手たちに興味を持った。

導火線

ガーナチームの攻撃の時間は、自称全日本にくらべて長い。日本チームのピッチャーは、高校野球経験者。ストライクは入るが、球はあまり速くない。加えて守りもエラーが多く、早々に逆転されたあと、ガーナの四番バッターにホームランをくらう。

ガーナチームの四番は、どうやらピッチャーをやっている選手のようだ。彼ひとりが大黒柱となっているワンマンチームかもしれない。

徐々に点差が開いていく。

試合終盤、またもチャンスに私に打順が回ってきた。初回と同じ、ランナー二塁、三塁。ツーアウト。この前の打席では、四番らしく長打を打とうと色気が出てしまい、ショートフライを打ち上げてしまっている。

ここは一本打ちたい。

ふたたび握りを短めにして初球の内角ストレートを思いっきり引っ張った。打球は三塁手の頭上を越える。またもや、二者生還。タイムリーツーベースとなった。

試合は、十対四で、ガーナチームが勝った。

自称全日本は、また負けたわけだが、このチームもそんなに弱いわけではない。経験者が半分くらいいるので、野球チームの形にはなっている。

私は、とりあえず四番の重責を果たすことができ、気持ちがよかった。もともと、バッティングで貢献する選手ではない。守りと走塁の選手である。それだけに、草野球とはいえ、素直に嬉しかった。

試合後。

ガーナチームの選手たちはみな、嬉しそうである。

審判をやっていた人が、恰幅《かっぷく》のいい大きなおなかのおじさんと談笑している。その回りで、選手たちが何やら手にとって食べ始めた。彼の差し入れなのだろう。野球の試合のあとの光景というのは、どこの国でもいいものである。灼熱のグラウンドで精一杯汗を流し、終わったあとの談笑のひとときである。それは、日本側も同じである。誰かが差し入れてくれたジュースを飲みながら、試合の話に花を咲かせている。

この試合、私は、バッティングだけでなく、守備でも満足だった。ショートを守った私は、エラーがなかっただけでなく、簡単なゴロを難しくさばく、草野球ならではの観客を意識した守備で、結構目立った。私の肩は、大学時代に壊してしまっていたが、軟球であれば、下手からのスナップスロー（手首を使った投げ方）で、ショートもできる。これが、素人目には、かっこよく映ったであろう。アクロバティックな守備に加え、私の珍しいバッティングでの活躍は、実は、その後の私と彼らガーナの選手たちとの三年にわたる奮闘劇の導火線となった。

ナショナルチームのコーチに！

アクラの中心、外国人向けレストラン街の一角にあるイタリアンレストラン「ソレミオ」。ガーナで数少ないイタリア料理店であり、我々外国人にとっては、貴重な存在である。白い壁に、間接照明。地中海風の内装は、おしゃれな感じである。オーナーの奥さんがイタリア人ということもあって、味もなかなかいい。オーナー本人はガーナ人で、名前をエディ＝ブレイといい、ボクシングの元オリンピック銅メダリスト。それも、一九六四年の東京オリンピックのときである。ガーナには、オリンピックメダリストは、過去わずかしかいない。彼は、知る人ぞ知るガーナの有名人なのである。

親日家である彼は、日本人を見ると片言の日本語で話しかけ、店の壁の一部にある銅メダルや当時の写真が飾られている記念品コーナーを紹介する。

ガーナチームとの試合のあと、年明けのある日曜日。日曜日は、我が家のお手伝いさんが休みのため、私はいつも外食をする。

このときは、確か二回目だっただろうか、ソレミオに足を運んだ。

食事をしていると、オーナーが私を見つけ、テーブルにやってきた。

「食事はどうですか?」

大きな身体をかがめて、愛想よくにこにこしながら話しかけてくる。

「おいしいですよ」

すると、オーナーは、意外なことを口にした。

「このあいだの試合は、面白かったですね」

一瞬なんのことかわからず、戸惑う私に彼は続ける。

「野球の試合のことですよ。私は、ガーナの野球チームを応援するサポーターなんです」

そういえば、試合後、ガーナの選手にサンドイッチを配っていた、太ったおじさんがいた。彼がこの人だったのか。このころはガーナに赴任したばかりだったので、私にとって黒人の顔はみな同じに見えた。

「でも、ブレイさんは、ボクシングの選手だったんじゃないんですか?」

「ボクシングは、イタリアでプロになって稼いだあと、やめました。今のガーナのボクシング関係者とはそりが合わなくてね。野球は自分ではやらないけど、おもしろいから好きなんですよ」

「ガーナに野球があるなんて、知りませんでしたよ」

「ガーナの野球は、始まったばかりです。まだまだ、これからです。そうだ、あなたは、野球が上手ですね。野球をやっていたんですか?」

「え? 僕のプレーを見てたんですか?」

「前に一度、お店にいらっしゃった方だな、と思って見てました。活躍されてましたね。野球がお上手なので、びっくりしました」

活躍を認められて嬉しかったが、日本人らしく、謙遜《けんそん》してみた。

「僕は、ずっと野球ばかりやってきましたから。ほかの人はあまり経験のない人が多かったので、目立ったのでしょう」

するとそれまで笑顔だったブレイが、突然目を細め、口元を引き締めた。

「そうだ、チームのコーチをやってくれませんか?」

「えっ? ガーナチームのですか?」

「あのチームの名前は、ライジングスターズ(昇る星)と言います。ナショナル野球チームです。でも、これまで、誰もコーチがいないので、自分たちだけで練習をしてきました」

自分の野球人生、実績と呼べるものはなにもない。大学野球部時代は、ベンチにも入れなかった。ただ、野球が好きで、続けてきたようなものである。その自分の野球人生をふり返れば、信じられないような話である。

もっとも、前述したとおり、ナショナルチームとはいっても、自称。レベルは、せいぜい、中学校野球程度といったところである。これなら、私にもできるかもしれない。

「練習はどこで、どのくらいの頻度でやっているんですか？」

「毎週土曜日、エルワクスタジアムの横の広場で、三時から練習しています」

土曜日なら、平日の会社の仕事に影響ない。

「じゃあ、とりあえず、行ってみようかな？　ナショナルチームということは、オリンピックを目指すんですよね？」

半分冗談のつもりで言ったのだが、ブレイは、キッと目に力を入れ、さらに真剣な表情になって言った。

「そうです。目指すのはオリンピックです。ガーナ人の身体能力は高い。それは、私が海外で実感したことです。今度は野球でオリンピックにチャレンジしたいのです」

オリンピック！

なんだか、すごい話になってきた。アフリカからオリンピックに出た野球チームなんて、聞いたことがないが、少なくとも、アジアや中南米地域からオリンピック出場権を獲得するのに比べたら、ずっと簡単かもしれない。

私は自分の心臓の高鳴りが聞こえんばかりの昂揚《こうよう》感を覚えた。

かつての自分の夢のひとつは、高校の教員になることだった。教鞭《きょうべん》をとるかたわら、野球部の監督となって、甲子園を目指す。頭を使って、合理的な練習をして勝つことにチャレンジしたかったのである。

オリンピックを目指して、若い選手たちを指導する。大きな目標があれば、練習もやりがいがあるだろう。

よし、まず、グラウンドに行ってみよう。

自分の中の野球への情熱が、ふつふつと湧いてきた。また、あの選手たちと会える。

その日の夜は、無限に広がる野球への思いが頭に浮かび、なかなか寝つけなかった。

危険がいっぱい初練習

年が明け、一月下旬のとある土曜日。まず、練習を見学することにした。自宅から車で十分もかからない場所に、エルワクスタジアムがある。サッカーや、バスケット、バレーボールなど、多目的に使える球場である。その横に空き地があった。赤土のグラウンドで平らではなく、ところどころに草が茂っている。石ころがごろごろしており、とても野球をやるような場所ではない。

ブレイに言われた、午後三時少し前、二、三人の青年が、しゃべりながら着替えていた。といっても、野球のユニフォームではない。トレーニングジャージーにティーシャツ。運動ができるかっこうに着替えているだけである。

しばらく眺めていたが、三時を回ってもいっこうに人が増えないので、不安になって話しかけてみた。

「あのう、ここで、野球の練習をやるんですか？」

人懐っこいガーナ人らしく、突然話しかける東洋人の私に、にこっと笑いながら答える。

「うん、そうだよ」

「人は集まるんですか？」

「そのうち来るよ」

「道具とかは、あるんですか？」

「キャプテンがいつも持ってくるんだ。彼はだいたい時間どおりに来るから、もう来るんじゃないかな」

気づけば、いつの間にか徐々に人が増えてきた。みんな、時間を気にする風もなく、のそのそと着替えている。

しばらく、かたわらで見ていると、そのうち、キャッチボールを始める選手が出てきた。

しかし、遊んでいるようなボールのやりとりは、人が三人、四人と増えていっても、いつまでも一つのボールを使っている。最後には六、七人で、輪になって、ボールが不規則にやり取りされている。

ボールが少ないのか？

と思えば、その輪はいつしか、二つ、三つになって、狭いグラウンドで三つのボールが勢いよくいろんな方向に飛び交うようになる。

彼らが使っているボールは、硬球である。このあいだの試合は、日本人にあわせて、軟球を使ったということらしい。いつかボールが誰かに当たるんじゃないかとひやひやした。

そんな心配をよそに、「徐々に」キャッチボールが終わる。徐々に、というのは、少しずつキャッチボールの輪から離れて、水を飲む選手が出て、だんだん人数が減ってくるからである。

すると突然、ひとりの青年が叫ぶ。

「整列！」

彼が何度か叫ぶと、のそのそと選手たちが並び始める。気づくと人数は二十人を超えている。時間はすでに四時近かった。暑さもやわらいでくる時間帯である。

彼の音頭で、準備体操が始まった。

あれ、あの激しく危険なキャッチボールは、やっぱり遊びだったのか？　日本の常識では、まず準備運動をしてからキャッチボールをするものである。

身体をほぐすような運動をしたあと、ランニングが始まる。といっても、三十メートルくらいの距離を中途半端なスピードで、二人ずつ、二、三本走るだけである。

それが終わると、何やら輪になり話し合いが始まった。するとおもむろに輪がふた組に別れる。

若そうな選手が、どこで手に入れたのか、ぼろぼろのベースをそれぞれの位置に置いていく。距離を計るわけではなく、適当な場所に置いているだけなので、いびつな正方形になっている。

ふた手に分かれた一方の選手たちは、守備についた。すぐに試合が始まった。

表面が擦《す》れて、マークが消えている金属バットを手に、麦わら帽子をかぶった選手が打席に入る。

このあいだの試合で使っていたグローブは自前のものだったのだろう。守っている選手たちは、全員一応グローブをもっていた。

麦わら帽子の次は、短パンの男。次は、上半身裸のむきむき筋肉マン。思い思いのかっこうをした個性のある選手たちが打席に入っていく。

なんだか、見ているだけで楽しい。

守っているほうも楽しそうである。石がごろごろしている上に地面が波打っており、内野の中にも草むらがあるようなグラウンドである。打球が飛んだらどこにはねていくかわからない。しかし、選手たちは、硬球と固いグラウンドを怖れることなく、果敢にボールを追う。キャッチしたときは、拍手喝采《かっさい》である。

まるで、日本で、年配チームの草野球を見ているようだ。

でも、とにかく心から楽しそうな選手たちの表情が、印象深かった。

あっという間に五時半を過ぎた。十二月なので、常夏のガーナも日は短い。太陽がグラウンドのレフトの奥にある林の向こうに落ちたとき、紅白戦は終わった。


楽しいじゃないか！


練習が終わって、ボールや道具を片付けている選手に声をかけた。

「来週も練習をやるの？」

「毎週土曜日に同じ時間でやってるよ」

ブレイにコーチを要請されたものの、しかし、彼らはそれを聞いているのか？　あれから、二週間くらいしかたっていない。電話がまだまだ一般家庭には普及していないので、情報はすみやかに伝わらない。まだ何も聞いていないのかもしれないな。

そう思い、自分がコーチをすることになったことは言わずに、聞いてみた。

「このチームにコーチはいないのかい？」

「いるよ。彼がトレーニングコーチのエドモンドさ」

ああ、彼は、コーチなのか。でも、野球を知っているのか？　ボールの投げ方がなんだかぎこちなかったが。

「キャプテンは誰だい？」

「僕がキャプテンだ」

十数個のグローブをひもでくくり、ひとつのバッグに詰め込んでいるマネージャーのような役割をしているこの男がキャプテンだった。柔和で爽やかな笑顔が魅力的だが、選手のなかでは、年長のように見えた。

「僕は、日本でずっと野球をやっていてね。このあいだの日本人との試合にも出てたんだよ」

「ああ、そうなんですか」

「来週の練習にまた来ていいかな？」

「もちろん、ウエルカムですよ」

人のよさそうな笑顔で、キャプテンは握手を求めてきた。

私がコーチをお願いされたことを彼は知らない。それを確信したので、自分からそのことは言わずに、また来週来ることにした。

はったり

翌週の土曜日。再びグラウンドに行ってみた。今回は、運動ができるように、スパイクをはき、ティーシャツにユニフォームのパンツだけはいての登場である。

三時に行くと、また二、三人の選手が着替えている。

「キャッチボールをしようよ」

着替えが終わった選手を捕まえて、キャッチボールに誘った。私は自分が持ってきた硬球を使って、投げ始めた。

十七歳で自分はピッチャーをやっている、というその選手は、手足が長いが、投げるとボールの回転が悪くて伸びず、いわゆる「おじぎ」をしてしまう。

かくいう私も、肩が壊れている上に、十年ぶりの硬球のキャッチボールである。

へろへろした球のやりとりが続いた。そうこうしているうちに、選手たちが集まってくる。

この日本人、野球をやるのか？　なんて怪訝な顔で私を見ている。

そんな視線を意識しながら、私は、キャッチボールをしている彼にアドバイスした。

キャプテン・ケイケイ
（写真提供：橋本和典氏）

「君、名前はなんていうの？」

「ジョアキムです」

「ジョアキム。いいかい。投げるとき、ボールをもっと身体の前で離してごらん。自分の目で見えるくらいのところまで持ってきて離すくらいの気持ちで」

そうすれば、自然に体重移動ができ、力の入ったボールが行くようになる。ジョアキムのボールは、回転よく、私のグラブに吸い込まれた。

「ナイスボール！」

つい、声を張り上げると、だんだん増えてきた選手たちが注目し、「ナイスボール！」と私にあわせて声をあげる。

そうこうしているうちに、また四時近くになった。先週と同じように、コーチのエドモンドが整列の号令をかける。私は、勝手に選手に交じり、アップを始めた。そして、すぐに試合である。そこで、私は、キャプテンにお願いした。

「僕も試合に入れてくれないかな」

「野球をやりに来たんでしょ。もちろん、いいよ」

どこの誰だかわからない外国人を練習にいれてくれるなんて、融通のきくナショナルチームである。

そんなわけで、私は、この紅白戦に選手として参加することになった。自分のかつてのポジションであるショートを守る。定位置につくとやっぱり恐い。十メートルくらい前には、草むらがあり、左右には石がごろごろしている。しかも、乾季のせいもあり、先週よりもさらにグラウンドが固い。

しかし、試合は始まった。

ショートには、結構ボールが飛んできた。幸い、難しいゴロや強烈な打球はない。

私は、自分の技術を彼らに最大限アピールすることだけを考え、あの試合と同じように、簡単なゴロを難しくさばき、かっこよくみせることに努力した。

現役時代に壊した肩が痛かったので、そこは捕球してから送球に移る動作を極限まで短くすることで補った。捕った瞬間に送球に移るようなプレーを連発した。肩の痛みを感じず肘の力で投げられるアンダースロー（下手投げ）なのだが、コントロールさえよければ、見栄えがいい。ダイヤモンドが少し小さめだったことも幸いしてか、課題の送球コントロールも問題はなかった。

その結果、はっきりいえば、かなり目立ったのである。

バッティングのほうは、センターフライにショートゴロと冴《さ》えない結果に終わったが、私の守備はかなり彼らへのアピールとなったようだった。

もう一方のチームのショートが試合の合間に私に話しかけてくる。

「上手ですね。野球をやっていたんですか？」

「ああ、もう野球をやめて十年くらいたつけど、昔はショートやセカンドをやっていたんだ」

「捕ってからが速いですね」

「君にもできるよ。ボールを捕るときは、左足の前で捕りにいくんだけど、捕った瞬間に右足に体重をのせるんだ。手を速く動かすことは考えないで、体重の切り替えをスピーディーにすること。手は自然とあとからついてくるよ」

彼は、日本人との試合で、私が一塁ランナーのとき、ショートゴロゲッツーをとった遊撃手だった。ジョシュアという、チーム一野球センスのある彼は、おそらく初めて技術を教わったのだろう。じっと真剣な眼差しで聞いている。


日が暮れて、紅白戦は終わった。

キャプテンにお礼を言う。キャプテンは、ジョシュアと同じようなことを私に聞いた。

「野球が上手なんですね。経験があるんですか？」

「僕は、小さいころから野球ひとすじ。野球しかやってこなかったから」

そこにコーチのエドモンドがいたので、彼に訊《き》いてみる。

「君は野球をやっていたのかい？」

「僕はキューバに留学して、学校のチームで野球をやっていたんだ。本職はバスケットさ。野球はかじった程度。このチームでは、トレーニングコーチが僕の役割。僕は体育の先生になる予定なんだ」

キャプテンとエドモンドに向かって私は言った。

「実は、先月、ブレイさんからコーチをやってくれないかと言われたんだ。もし僕の力が必要なら、僕は、エドモンド、君を助けてチームの力になりたい」

「ノープロブレム。そうしてくれると助かるよ」

「キャプテン、それでいいかい？」

「もちろん。じゃあ、みんなに紹介します」

キャプテンは、練習が終わって着替えている選手に声をかけ、集めて輪を作ってくれた。いよいよ自己紹介である。ここは威厳をもって選手たちにインパクトを与えなければならない場面である。私は、実は試合で張り切りすぎてくたくただったが、必死になって自分を作り、厳かに言った。

「私は野球大国日本から来ました。大学時代は日本一強いチームにいて（これは本当。私が在学中の四年間に、全日本大学野球選手権大会などで二度日本一になった。もっとも私自身は何も貢献していないが）、私はセカンドをやっていました（巧妙な言い方。レギュラーだったとは言っていない）。自分は、エデイ＝ブレイさんにコーチをお願いされました。君たちのお手伝いができればと思っています」

拍手がおきた。どうやら、とりあえず受け入れられたようである。

私の自己紹介が終わって解散となった。キャプテンに改めて握手を求める。

「これからよろしく。君の名前は？」

「アルバート＝ケイ＝フリンポン。ニックネームのＫＫ（ケイケイ）と呼んでください。みんなそう呼びます」

「そうか、よろしく、ケイケイ」

なんとも憎めない笑顔で、ケイケイは私の手を握り返す。

もうあたりはすっかり暗くなっていた。ガーナは夜も湿気がある。

これから、どういうふうに彼らとかかわっていこうか。

彼らに別れを告げ、自分の車に戻ってエンジンを始動した。アクセルを踏む足が重たい。久しぶりに激しく動いたため、特に足にきているようだ。心地いい疲れを感じながら、ハンドルを握り、窓をあけて風を受けながら家路についた。

キューバ帰りたち

自己紹介して以来、私は毎週土曜日にグラウンドに顔を出すようになった。

しかし、一度自己紹介したから、はったりかませて自己アピールできたから、チームに受け入れられるかと思ったら、そんなに甘いものではなかった。理由は簡単。グラウンドに来ている選手がいつも違うからである。

一週間前、紅白戦に混じって、アクロバティックなプレーをみせ、私の技術力を大袈裟《おおげさ》に表現したので、先週それを見ていた選手たちは、私のプレーが印象に残っていたのだろう、次回練習に来たときは、選手たちから話しかけてきて、野球談義に話が咲く。

しかし、それを怪訝な顔で見ている選手たちも何人かいるのである。彼らの顔には「この東洋人は、いったい誰だ?」と、わかりやすく書いてある。

どうやら、毎週土曜日の練習といっても、毎回参加する選手ばかりではないらしい。自由参加制なのである。技術だけでなく、精神も、まさに草野球なみである。

私は、しばらく毎週のように、初めて会う選手に挨拶をし、コーチをすることになったことを言い続けた。全員完了するまで、二ヶ月近くを要した。

徐々に私はコーチとして受け入れられていったが、全体練習ではあまり積極的に口出しをせず、選手たちに個別にアドバイスをすることから始めた。少なくとも、選手に混じってプレーをすることは最初だけにして、以来一切しなかった。その理由は簡単。ボロが出るのが恐かったからである。

トレーニングコーチのエドモンドの存在もあった。彼がコーチになったのが、私がチームに加わる数カ月前だったらしい。しかし、私より年下とはいえチーム在籍歴では先輩である。彼を尊重し、しばらく、練習の流れには口を出さないようにした。何か言いたいことがあるときは、なるべく、エドモンドに言うことにし、直接選手たちに対して練習方法の指示をしないようにした。

そのかわり、選手たちとは野球だけでなく、いろいろな話をするようになる。ガーナに赴任して以来、仕事関係以外でガーナ人と知り合う機会はほとんどなかった。私にとって貴重な「ガーナの一般庶民」としての知人でもある彼らは、どんな素顔を持っているのか。

まず、一番私が触れあう機会が多かったのが、キャプテンのケイケイである。身長は百八十センチ弱のやや痩せ型。年齢は二十七歳。最年長であり、チームのまとめ役である。独身の彼は、グラウンドを離れると、白いスラックスに模様の入ったカラフルなシャツをこざっぱりと着こなすような洒落《しゃれ》男。仲間思いの彼の回りには、いつも人が集まってくる。ケイケイの父親は元外交官で、彼が子供のころ、アフリカ中央部のザイール共和国（現コンゴ民主共和国）の大使として家族で首都キンシャサに住んでいたことがあるらしい。彼の礼儀正しさは、ガーナでは比較的裕福な家庭で育ったことが原点なのだろう。そういう意味では、ケイケイはあまり一般的なタイプのガーナ人ではないと言える。彼の本職は民芸職人。絵を書くのが得意な彼は、木彫り細工を作って生活の糧にしている。その一方で文章作成能力があり、弁もたつ。それを生かして、土砂の販売業などのちょっとしたビジネスを知人らとやっている。

この当時、チームの四番でエースがジミー。身長は百八十三センチくらいだろうか。どちらかといえばスリムな彼の普段の姿は、スーツにネクタイをしめて米国系企業に勤務する技術者。彼の会社はトラクターやジェネレーターなどの産業機械を扱う、ガーナでは有数の一流企業なので、選手たちの中ではダントツの金持ちである。とはいっても、彼の収入は月額四百ドル（五万円）くらいらしい。一般庶民の月収が一万円にも満たないガーナではかなりの高額所得者である。

チーム一の元気者、ポールは、家族を愛し、友人を愛する礼儀正しい好青年。百八十センチを超えるがっちりした体格で、練習には人一倍真剣に取り組む模範的な選手である。とにかく野球が大好きな彼。まじめで穏やかな彼の父親は、かつて公務員だったらしい。彼の実直な性格は父親譲りなのかもしれない。

コーチとしての能力が十分でない一方、肩が強いところを見込んで、後にコーチから選手になるエドモンドは体育の教員志望の二十六歳。中肉中背の彼の普段の素顔は、時折はにかみ笑いを見せる、表に出たがらないシャイな性格なのだが、スポーツをするときは突然強気になる。

その他、コンピューター会社のサラリーマン、石鹸工場や裁縫工場の工員、靴屋、床屋、国境の免税店の店員、獣医など、選手たちの職業はさまざまだ。大学生や高校生もいるが、ガーナの厳しい雇用情勢を反映して、無職の選手も多い。

私は、当初選手たちの顔の区別がつかなかったが、彼らのプロフィールがわかるにつけ、次第に判別ができるようになってきた。ガーナに赴任当初は、初めての黒人社会のなかの生活で、日本人と違う肌色、いでたちのガーナ人に圧倒されていた私だったが、いつしか彼らが異国人であるということを全く意識しなくなっていた。

ところで、彼らは、いったいどうして野球を知り、プレーするようになったのだろうか。野球不毛の地といわれるアフリカで、何がきっかけだったのだろうか。

まずわかったことは、チームの核になっている野球をよく知る選手たちの多くは、キューバ帰りだという事実だった。キューバ帰りといっても、野球留学をしてきたわけではない。ソ連が崩壊し、東西冷戦が終結するころまで、ガーナは、旧ソ連やキューバなどの共産主義国家との交流が盛んだった。キューバには、職業訓練留学制度のようなものがあり、中学を卒業した若い優秀なガーナの学生を受け入れていた。キューバでは、農業や、メカニック、コンピューターなどの技術を学ぶのだが、同国は、野球が国技。学校では、サッカーよりも野球である。職業訓練学校でも、生徒たちは当然野球をやる。そこで、野球を知り、プレーをした選手たちが帰国後、集まって創ったのが、ガーナ初の草野球チーム「ライジングスターズ」だった。キューバ帰りの選手は、ジミー、ラッソー、デクー、クエノ、ぺぺ、リッチモンド、など。私が初めて参加したガーナ対自称全日本の試合に先発出場したメンバーのうち、五人は彼ら「経験者」が占めていたことが分かった。

しかし、ガーナで野球を始めた選手もたくさんいる。

抜群の野球センスをもつショートのジョシュアは、ガーナで野球を始めてまだ二、三年。ファースト（後にサード）で強肩のポールも、いいセンスをしているが、ガーナで野球を覚えた。ポールの場合は、近所のアメリカ大使館員から野球を教わったらしい。後にガーナ・ナショナルチームを代表する中心プレーヤーになる彼ら二人が、ガーナで野球を覚えたということは、キューバに行った経験のない選手たちにいい刺激となっていた。

キャプテン・ケイケイの場合は、ちょっと変わっている。ザイール共和国（現コンゴ民主共和国）の首都キンシャサに家族で住んでいたとき、まだ中学生だったケイケイは近所のアメリカ人に野球を教わった。帰国子女だったケイケイは、ガーナに帰国後、ポールたちとともに野球を続け、キューバ帰りのメンバーと一緒にチームを結成したということらしい。

夕闇の決起集会

さて、こうして私がチームの練習に顔を出すようになって、二ヶ月が過ぎた。だいたい選手の顔もわかって来たころだろうか。選手に個別に与える技術指導は好評だったようで、選手からいろいろと聞いてくるようになった。

そろそろ、言いたいことを言ってみてもいいかな。

そもそも、彼らは何を目的に野球をやっているのか。草野球として、楽しみたいだけなのか。エディ＝ブレイの言うように、オリンピックを目指したいのか。

ある日の練習後、キャプテン・ケイケイに言った。

「ちょっと、みんなを集めてくれないかな。相談したいことがあるんだ」

「わかりました」

ケイケイは、すでに私に対して常に素直に対応してくれるようになっていた。何を相談したいのか、内容を聞かずにみんなを集めた。すでに四月。日が長くなり、六時を過ぎてもまだ明るい。選手が作る輪のなかで私は話し始めた。

「私が、コーチとしてエドモンドを助け、みんなに少しずつ指導し始めてから、三ヶ月目になった。ひととおり、みんなの能力はつかめたと思う」

これが、実は私にとって、自己紹介以来のスピーチである。それまでは、練習が終わると、選手たちと一緒に談笑しただけだった。たまに、キャプテンがみんなを集めて何かを言っても、私から話をすることはなかった。だから、選手たちは、何が起こったのかと、真剣に私の顔を見つめる。

「君たちは、頑張ればもっと伸びる。ただ、そのためには、試合ばかりしていてはダメだ。まず、基本をしっかり身につけ、チームプレーを練習しなければならない。それは、同じことの繰り返しになるから、辛いし、大変だ」

どこまでわかっているのか、私の言うことにいちいちうなずく選手たち。私は続ける。

「そこで、君たちに聞きたい。一体なんのために野球をやっているのか。毎週土曜日に交通費をかけて集まってやる野球、それは、どうしてなのか」

いつもペチャクチャ話し好きな選手たちだが、このときは私の問いかけに誰も応えない。そういうことをこれまで考えたことがないのか。

「君たちは、ガーナで唯一の野球チームのメンバーだ。まさにナショナルチームなんだ。ナショナルチームであれば、君たちにはオリンピックを目指す資格がある。ただし、オリンピックに出ようと思うんだったら、今までのような練習じゃだめだ。質も量も何倍も練習しなければならない。ここで、僕はコーチとして提案したい。チームとしての方針を決めることを」

ひと呼吸おいて、みんなの表情を観察しながら私はゆっくり言った。

「このまま、草野球チームとして、野球を楽しむことを採るか、真のナショナルチームとして、厳しい練習をしてオリンピックを目指すのか。これは、君たちが決めることだ」

そう言ってはみたものの、しかし、彼らがこれから厳しい練習をしたとして、どこまで上達するのか、進歩するのか、皆目見当がつかなかった。だが、選手たちは、即座に応える。

「一生懸命練習したい。そしてオリンピックを目指したい！」

何人かが口々に言う。

「そうだ！　頑張って、オリンピックを目指そう！」

「やってみようじゃないか！」

雄叫びのような声、声、声。冷静にみんなを見ていた私は、何人かが、「え？　このままでいいじゃん。楽しくやろうぜ」といいたげな表情をしているのを見逃さなかった。しかし、これは圧倒的多数の勢いで、可決である。

「わかった。では、ライジングスターズは、ナショナル野球チームとして、オリンピックを目指すことを目標にしよう。最初に言ったとおり、そのためには、練習方法を変える必要がある。エドモンドと相談して、来週から練習メニューを変えることにしたいと思う。まず、三時に練習が始められるように、時間だけは守ろう」

「イエス、サー！」

大いに盛り上がって、このミーティングは終わった。終わったあとも、選手たちは興奮覚めやらぬためか、いつまでも盛り上がっていた。熱気がまるで蒸気になって見えるようだ。

もしかしたら、これは、彼らが初めてみる大きな夢なのかもしれない。

貧しい国、ガーナ。年間ひとりあたりGNP（国民総生産）は、四百ドル（約五万円）に満たない。首都アクラでも、一般庶民の月収は、五十ドル（約六千円）以下である。そもそも失業率は四十%ともいわれ、職につくこと自体が大変なのだ。庶民は、将来が見えず、今日、明日の生活をどうするかを考えなければならないのが一般的である。そんな中で、どんな夢が見られるのか。彼らの夢はかなわぬまでも、そのために努力することのできる環境を実現させてあげたい。

そう思ったとき、私は、ずしりと責任の重みを実感した。

ニッポン式練習導入

翌週。オリンピックを目指すことを目標にしてから、記念すべき初練習である。先週のミーティングでのあの勢いからして、選手たちはもうやる気満々で、三時にはすで全員で練習着に着替えて自分を待っているんじゃないか、などと考えながら、三時ちょうどにグラウンドについた私は、思わずずっこけた。相変わらず、二、三人しかいないのである。そのうちのひとり、ケイケイに声をかける。

「グッドアフタヌーン、ケイケイ。先週あんなに盛り上がったのに、全然人が集まってないじゃないか」

若干いらだちを見せる私と対照的に、彼はいつもの笑顔で落ち着いた様子。

「ミスター・トモナリ。心配いりませんよ。今日はみんな来ますよ」

ケイケイの言葉どおり、三時半になって、いつもより、若干多めに人数が集まり始めた。

まあ、これがガーナ流ってところか。

さて、この日から、まず最初にエドモンドによる準備運動から始めることにした。軽く走って身体をあたため、柔軟体操をして身体をほぐし、さらにもう一度短いダッシュを何本か入れて仕上げる。

都合、十五分くらいか。しかし、早くも選手たちはぜえぜえと息が苦しそうである。なんとも情けない。見かけは筋肉隆々だが、どうも持久力がないようだ。

もっとも、四月はガーナで一番暑い季節。灼熱の太陽のもと、運動するのは健康に悪いかもしれない。

ここで、まず休憩を取ることにした。ガーナでは、アイスウォーターといって、冷えた水を小さなビニールパックに入れて売っている。日本円に換算すれば、ひとつ一円か二円だが、日本人の感覚的には、一個二、三十円くらいか。ガーナ人にとっても、まあまあリーズナブルな飲み物である。グラウンドには、少女たちが、それをバケツにいくつか入れて、頭にのっけて売りに来る。休憩時間は、彼女らの回りが黒山の人だかりである。

さて、五分くらいたったところで、キャッチボールを始めることにした。投げ方、捕り方の前に、まず、整列の仕方である。日本の学校のクラブでキャッチボールをしている風景といえば、二列になってキャッチボールをし、徐々に相手から距離を離していくのが常識であろう。

しかし、ライジングスターズでは、キャッチボールとは、輪になって少ないボールを何人もの選手で投げ合うのが常識なのである。実はこのころ、ジャイカ東京本部の同僚にお願いして、硬式のボールを二ダースほど出張者に持ってきてもらっていたため、ボールは少し余裕があった。そこで、二列になって、お互いペアでキャッチボールをするように指示を出した。すると、どうだろう。ペアになったはいいが、そのペアがいろんな方向に広がって行くのである。グラウンドの状態がよくないので、いいところを選んでいると、必然的に思い思いの方向に広がっていってしまうのか。しかし、そ

守備の基本をレクチャー　（写真提供：橋本和典氏）

れではお互いどこからボールが来るのかわからず、暴投が出たときに危険である。

私は、いったん選手を集めて、それを説明した。安全のために、同じ方向に広がるようにすること。

すると、比較的同じ方向になったが、今度は隣の選手と距離が近すぎるので、これも危険だ。私は大声で、もっと広がるように指示を出す。と、今度は、横に広がらず、縦に広がる者が出始める。少しずつ距離を離していかず、急に長い距離を投げれば、肩を傷める。

また全員を集めて、地面にグラウンドの図を書き、石を選手にみたてて説明する。最初の状態がこう。徐々にこうなる。石と石、横の人との距離は三メートルくらいとる。

さあ、やってみよう！

なんだか、幼稚園の先生が児童にダンスを教えているようである。

今度はようやく形になった。相手の胸をめがけてボールを投げるように。捕るときは片手を添えて身体《からだ》の正面で捕るように。一球一球丁寧《ていねい》に。

一応私の言うことには耳を向け、なんとか言う通りにしようとする姿勢はあった。しかし、長続きしない。ちょっと目を離すと、それたボールに身体を動かそうとせず、雑に片手で捕っている。

これは、根気がいるな。

こういう初歩的なことを教えるのは、私にとっても初めての経験であった。せっかちな自分の性格であるが、この仕事は忍耐が求められる。

さて、次はトスバッティング。十メートルくらいの距離から、投げた相手にワンバウンドで軽く正確に打ち返す。バットコントロールを確かめる練習でもある。バットは、このとき三本あった。もともとあった一本に、ケイケイが家においてあった真新しい一本と、私が知人にお願いして送ってもらった中古の一本である。これを何十人もの選手で行うのは効率が悪いが、トスバッティングが野球の練習の基礎であることを知ってもらいたかったため、敢えて行った。

しかし、これが、なかなかできない。バットにボールが当たらない選手が続出したのである。試合で思いきり振ると当たるのに。どうも、全体的に力みすぎているようである。力を抜くことを知らないのかもしれない。私は、手本を見せて説明した。身体の力を抜いて、ボールのミートポイントに向けて、バットを軽く出す。だが、これはキャッチボールと違って、説明されればできるということではないらしい。なにしろ、やったことがない技術なのである。

いかん、これをやっているうちに日が暮れてきた。

「よし、では、シートノックをしよう」

シートノックとは、野球の試合前に選手が各ポジションについて、ノックを受ける練習である。外野のノックのときは、内野手が中継に入って連携プレーの練習となる。

このころ、時刻は夕方五時を越えていた。例によって、いつの間にか人数が増え、二十五人くらいがグラウンドに散っていた。

日本では、通常ノックに入る前に、ボール回しといって、内野手が各ベースに入り、ダイヤモンド内でボールを回す。捕ったボールをすぐに正確に次の相手の胸に投げることが要求される。本当は、外野手も入れて、全員でやりたいところだが、それでは人数が多くなりすぎる。外野手は、エドモンドが打つ外野フライを受けさせることにした。

さて、まず、ボール回しの意義と、回し方を説明した。最初は、キャッチャーからサード、セカンド、ファースト、キャッチャーと右回り。ある程度回ったら、次は逆回り。そして、最後は、キャッチャーから、セカンド、サード、ファースト、キャッチャー、あるいは、キャッチャー、セカンド、ファースト、サード、キャッチャー。

「Do you understand ?」(わかった?)

みんなポカンと口をあけている。やっぱり、わけがわからんか。これはやりながら、説明したほうがいいな。

「よし、とりあえずやってみよう」

しかし、案の定、混乱を極める。どこに投げたらいいのか、どこからボールが来るのか、頭の中が混乱すればするほど、コントロールも悪くなる。暴投のオンパレードである。なかなかノックに入れない。

ふと、外野を見ると、エドモンドがふらふらになりながら、バットを振っている。しかし、打球はフライにならず、ゴロばかり。そうか、外野ノックは、技術がいるし、あんまりやったこともないんだろうな。

ボール回しに時間がかかりすぎて、ノックに入る前に日が暮れてしまった。しょうがない、今日は、これで終わりにしよう。最後に、グラウンドを大回り三周して、終わりにした。

そして、終了後、選手をケイケイに集めさせて、みんなに感想を訊いた。

「本日の練習はどうだった？」

「Very interesting！」（おもしろい！）

そうか、そうか。そう言っていられるのも今のうちだ。初めてやる野球の練習なのだ。これをずっと繰り返さなければならないところが苦しいのだ。まだ、君たちにはそれがわかっちゃいない。

「しかし、本当はもっとやりたいことがあった。それが、十分できなかった。来週こそ、きっちり、三時にスタートできるよう、時間を守ろう！」

「イエス、サー！」

解散となったあと、ケイケイに訊く。

「今日のは、日本式の練習を導入したんだけど、どうだった？」

疲れたけど楽しかった、くらいの当たり障りのない答えが返ってくると思ったら、違った。思いつめたような顔つきできっぱりと言う。

「まだまだ、真剣に取り組んでいないやつがいっぱいいます。もっと厳しくてもいいと思います。オリンピックを目指すのに、遊び気分で取り組むやつがいたら、他の選手の士気に影響します」

おやおや、ガーナ人離れした厳しい意見だ。こいつ、真剣だな。なんだか、それが嬉しくなったせいか、疲れが吹き飛び、来週の練習メニューを考えるのが楽しくなった。

闘志なき者は去れ!?

その翌週土曜日三時。五月になっていた。集合は相変わらず時間が守られていないが、少しずつ改善しているように見受けられた。三時過ぎには、十数人は揃うようになったのである。

しかし、これで、前回よりずっと進歩したかと思うと甘かった。あれだけ説明した二列のキャッチボールができないのである。またいちから説明をする。これは彼らの物覚えが悪いからではない。毎週継続して来ない選手が多いからである。もちろんケイケイやポールのように、毎週来る選手もいるが、そうでない選手のほうが圧倒的に多い。副キャプテンのクエノにして、三回に一回は来ないのである。それでも、毎回二十人は集まっているのだから、いったいこのチームには何人の選手が在籍しているのやら。いずれにせよ、こんなことでは、一つのことを教えるのに、一ヶ月くらいかけてようやく全員に浸透することになる。案の定、シートノックのボール回しも一から教え直しである。

この日の練習が終わり、最後のミーティングのとき、私がバカの一つ覚えのように「時間を守ろう」と言ったあと、ケイケイがホットニュースを発表した。

「ナイジェリアの代表チームが練習試合をしたいと言ってきている。今年の秋にガーナに来るらしい。初めての国際親善試合だ。みんな、真面目にやろう」

おいおい、ちょっと待て。こんな状態で、国際試合か？　ナイジェリアとは、またえらく強そうな相手じゃないか。単なる勘だが。

私は、そのミーティングの中で質問した。

「ナイジェリアは、強いのかい？」

「ナイジェリアは、前回のオリンピックアフリカ予選で二位だったんです」

アフリカ予選？　そういう情報を調べる必要があると考えていたが、身近なケイケイが意外にも詳しそうだ。

「ナイジェリアは、強い。こんなことでは、勝てない。みんな真剣にやろう！」

「おー！」

おーっ！　て、ちょっとちょっと。ほんとにナイジェリアと試合をやるのか？　そもそも野球場なんてないぞ。いったいどこからそんな話が入ったんだ。

「ミスター・トモナリ。ガーナには、野球連盟があるんです」

「えっ！　そんな組織があるのか」

「スポーツ省の傘下にナショナルスポーツカウンシル（国家スポーツ評議会）というのがあって、そこに各スポーツの連盟があるんです」

「それは知らなかった。意外にしっかりしてるじゃないか」

「アクラスタジアムの下に事務所があって、そこには、世界野球連盟からいろんな情報が送られてくるんです」

「そうか、それで、ナイジェリアとの試合はそこを通じてきたのか」

「いえ、この話は、個人的に連絡があって……」

彼はいろいろと説明をしたが、そのときは、彼の言っていることがよくわからなかった。要はナイジェリアが試合の申し込みをしてきているようだ。それも今年の秋。秋、というと、早ければ九月だから、あと三ヶ月しかないじゃないか！

でも、これは選手にとって、いいモチベーション（動機づけ）になる。少なくとも、オリンピックを目指す以上、ナイジェリアには勝たねばならない。

よし、なんとか、あと三ヶ月で試合のできるチームに仕立てよう。

しかし、そのためには、一つのことを教えるのに一ヶ月もかかるようでは、不可能だ。

「ケイケイ。これから練習を厳しくしようと思う。ついてこられる選手だけで、チームを作る必要がある。今の状態では、人数が多すぎて練習の効率も悪い。試合までの暫定的措置として、少数精鋭にしたいんだ。どうだろう？」

練習が以前より厳しくなって、ついていくのに精一杯の年長のケイケイは、ギョッとした顔をして私を見る。冗談で言っているのではない、と感じたからか、彼は真顔になって言った。

「お任せします。少なくとも、今の状態は、初心者もいるし、真剣でない者もいる。ナショナルチームなんだから、規律を守る選手の集団にする必要があります」

そこで、私は、六月から八月までを強化月間と銘打ち、練習を一気に厳しくすることにした。六月を守備強化特訓。七月を打撃強化＆投手力整備月間。八月をゲーム形式特訓月間。練習時間は、めちゃくちゃ暑いけど、一時間早めて二時開始。これにケイケイの案で、遅刻した者には、罰則ランニングを課すことになった。

キャッチフレーズは、「闘志なき者は去れ！」。英語では、「NO FIGHTING SPIRIT, GO HOME！」。ちょっと無理があったが、きっと意味は通じたであろう。

さあ、果たして選手たちはついてこれるのか？　何人の選手が残るのか？

猛特訓と罰則ランニング

いよいよ、六月になった。早速、二時から練習開始である。案の定、遅刻者続出。

ふっ、ふっ、ふっ。知らないよ。練習の後には罰則ランニングが待っているのだ。君たちの代表のキャプテンが言い始めたことなのだからね。

サディスティックな気持ちを秘めつつ、早速守備特訓を始める。

まず、内野手。これは、ゴロの取り方の基礎練習である。腰を落として膝を柔らかく、グローブを前に出して立てて構える。ボールに合わせて、とりやすい位置に身体をリズムよいステップでもっていく。捕るときのグローブの位置は、左足の前。送球への動作をスムーズにするために、打球に対して右側から入っていく。動くときの目線は上下せず、一定に。

そして外野手。ゴロに腰を落として、身体で前へ落とすこと。フライは、すばやく落下点よりやや後ろに入り、捕るとき助走をつけられるようにする。背走するときは、常に落下点と想定されるところよりさらに後ろを目指してバックする。一瞬目をきって落下点に走り、再び振り向いて身体の正面で捕ること。

これらのポイントをひとりひとりに暗唱させた上で、あとはノックの雨あられ。灼熱地獄の大地に血と汗と涙がほとばしる！　……というのはかなり大袈裟だが、内野手は二人ひと組で、百本のノックを繰り返し繰り返し浴びせた。外野手は、エドモンドや、外野手たち自身が交代で、手投げでフライをあげ、背走の練習をさせた。

さあ、元気だせ！　ボールを呼べ！　食らいつけ！　立て、立ち上がれ！　もう、気分はすっかりスポ根マンガ（スポーツ根性ものを主題とするまんが）である。

ところで、ちょっと余談だが、かつて私が所属していた野球部では、「ボールを呼べ！」とよく言っていた。「ボール来い！」ということにより、自らを鼓舞する意図があったと思われる。おそらく、これを英訳するとすれば、「Come on！」（カモン！）となるのだろう。しかし、私はつい、「ボールを呼べ！」を直訳し、ノックを打つとき、「Call the ball！」（コール・ザ・ボール）と叫んでいた。するとガーナの選手たちは素直に、「ボール！」と呼んだのである。ま、気合いが入ればいいか、ということで、そのままにしていたら、すっかり定着してしまった。ノックを受けるときに「ボール！」とよぶ国が、ほかにあるのか知りたいところである。つくづく野球は、人が創る文化であると思わずにはいられない。

さて、この特訓はかなり厳しかった。おそらく、選手たちにとって、生まれて初めての経験だったに違いない。といっても、日本の高校野球部だったら、このくらいの練習は準備運動くらいにしかならないだろう。繰り返すが、ガーナの選手たちは、がっちりした体格はみかけ倒しで、実は体力がないのである。

日が暮れて、ボールが見えなくなる。これまでなら、ここで終わりだ。しかし、ここからが日本式。真の体力づくりはここから始まるのだ。

まずは、ベースランニングである。内野ゴロを打ったときのケース。ヒットを打ったときのケース。二塁打、三塁打、タッチアップ。それぞれのケースでの走塁方法を教え、ひたすら走る。このころになると、もう、全力疾走できない選手が多くなるため、それは目をつぶった。

そして、最後はグラウンド大回り三周。足並みを揃えて走る練習である。ほかの人に呼吸をあわせて走る。なかなかそろわないので、歌を歌うように言ってみた。するとどうだ、リズムがそろって、ばっちり決まってきた。このとき以来、ナショナルチームの最後の大回りランニングは、歌を歌いながら走るのが習慣となる。

さすがに、走り終わった選手たちは、疲労困憊《こんぱい》の様子。だが、ここで忘れてはいけない、罰則ランニング！　さあ、遅刻者、前へ！　しかし、誰も立ち上がろうとしない。ま、しょうがないか、とあきらめて終わろうとすると、ケイケイが鬼のような形相で叫ぶ。

「遅刻した者、前へ出ろ！」

うわあ、こわっ！　思わず私は大学野球部時代の鬼のように厳しかった先輩を思い出した。ガーナにもこんな奴がいるなんて。ケイケイは遅刻者を名指しして前へ出させる。もうあたりは真っ暗。外野の向こうの道路を走る車のヘッドライトがまぶしい。罰則ランニングは、ホームからレフトの奥にある小屋の壁をタッチしてホームまで帰ってくることにした。タイムトライアルである。

「用意！」

といった瞬間から走り出す選手たち。

「スタート！」

と言ったときには、すでにみんなフライングして十メートルは走っていた。ガーナ史上初の罰則ランニングは、全員タイム内で走れば一本で終わるが、ひとりでも入れないともう一本というシステムである。これは、私が大学野球部時代によくやらされた共同責任ランニングだ。やっているほうはつらいが、いざ、やらせるほうの立場になると、これが結構おもしろい。

自分はもしやサドなのか？　などと考えていると、早くも選手たちが帰ってきた。あれ、早くないか？　きっと暗いことをいいことに、小屋の壁にタッチせず、手前でターンしてきたのだろう。

一応全員入ったので、罰則ランニングは終了した。すると、ケイケイが寄ってきて耳もとで囁く。

「ミスター・トモナリ。あいつら、壁にタッチしていませんよ」

おいおい、ケイケイ。君も結構、陰険だな。

「今日はこれでよしとしよう。今度は厳しくするから」


終了時刻六時五十分。日が長くなったとはいえ、もうあたりはとっぷりと暗い。練習時間、合計四時間五十分。指導するほうもきついが、選手たちにも相当こたえたに違いない。本当にやる気のあるものが残って、少数精鋭にしてチーム力を向上させよう。

描いたこの青写真は、しかし、思わぬ結果を招いた。練習参加人数が、週を追うごとに逆に増えていったのだ。練習はますます厳しくなっているにもかかわらず、である。一番多いときで、選手が三十五人くらいにもなった。これでは、とてもひとりで見きれない。エドモンドが、強気な性格はいいのだが、技術が伴わないから、あまりあてにならない。

ある日の練習の終わった後、私は一息ついて他の選手たちと談笑していたケイケイの腕をひっぱり、少し離れたところで聞いた。

「ケイケイ、なんで人数が増えていくのかな？」

そう言いながら、私は、「チーム力を上げるためには、ある程度運動神経のあるやつを鍛えていくのが近道なんだから、しばらくのあいだは下手な奴を切り捨てよう」というセリフを用意していた。

そんな私の真意をわからずか、ケイケイは答える。

「ミスター・トモナリ、みんな、初めて真剣に野球をやるんです。厳しいけど、楽しい。一生懸命になれることなんて、そんなにないですから」

そんなふうに言われ、私は何も言えなくなってしまった。ケイケイは続ける。

「実は見てのとおり、僕も練習が厳しくて、ついていくのが大変です。でも、やめようと思ったことはありません。僕たちには目標ができたんですから」

「でも、こんなに大人数だと、練習がうまくまわらない。どうにかしなくちゃいけない」

「チームを分ければいいと思うんです。シニアクラスのAチームと初心者のBチームに」

うーん、なるほど。それはいい手かもしれない。しかし、一生懸命やろうとしている選手はAチームでもBチームでも変わらない。なにしろ、エドモンドには悪いが、実質的にコーチは私ひとり。どうしたらいいいんだろう。

そんなとき、救世主のように現れた人がいた。

もうひとりのコーチ

平成九年五月下旬のある日。私が勤務するジャイカ・ガーナ事務所に、伊藤忠商事のガーナ駐在事務所から二人連れの来客があった。駐在員が帰国することになり、後任を連れて挨拶に来たのである。ジャイカ事務所長室から挨拶を終えて出て来た二人は、私の机の方に向かってきた。前任者は、中年で小太りの方だったが、後任の方は、やけに若そうに見える。身長はゆうに百八十センチを超えたがっちりした体格の青年である。前任者が、私に彼を紹介する。

「友成さん、私の後任の社領（しゃりょう）を紹介します。彼も学生時代、大学の体育会で野球をやっていましてね」

ちょっと緊張した面持ちの若い男性は、礼儀正しく関西弁のアクセントで挨拶をした。

「はじめまして。社領です。友成さんが、ガーナのナショナルチームのコーチをされていると聞きまして。今度話を聞かせてください」

ナイジェリアに勤務していて、そこから転勤してきた社領憲司は、数年はガーナに滞在することになるという。

「そうですすか。社領さんは大学野球の経験者ですか。確かに私は、ガーナのナショナル野球チームのコーチをやってます。でも、ナショナルチームといっても、レベルは中学生程度ですけど。今度練習を見にきてくださいさい」

聞けば、彼の年齢は私より三歳若いが、野球歴は輝かしい。関西の大学の野球部に所属していた彼は、現役時代は代打の切り札としてリーグ戦で活躍し、チームは全日本大学野球選手権に出場して優勝している。

人手が欲しかったときに願ってもない経験者である。初対面から一ヶ月たったある日、初めて練習に顔を出した社領は、七月から毎週参加するようになる。

ここに、本気でオリンピックを目指す、恐れ知らずで世間知らずのガーナ野球青年たちを、強力に後押しする体制が整った。

第二章　模索

ガーナスタイルの野球

六月下旬に初めて練習に顔を出した社領は、七月から毎週参加するようになる。七月は、打撃強化&投手力整備月間。そこで、社領が打撃練習を担当し、私が投手の練習を担当することにした。打撃練習は、バントの基礎から始め、打席に入る前に、バント練習を行う。打席に入ったあとは、バントを含め、五本ずつ投手のボールを打つ。最後の一本は、打ったら走る。もちろん守備についている選手は、守備練習としてボールを追う。打撃練習のかたわら、三塁側ファールグラウンドにブルペンをつくり、ここで、投手のピッチング練習を行った。

しかし、バッティングやピッチングの練習といっても、このときの我がナショナルチームは、技術を語る以前のレベルだった。打撃で言えば、まず、彼らはストライクゾーンを把握していなかった。ストライクゾーンは国際ルールでベース上、かつ、ひざの上から脇の下の高さの範囲と規定されている。しかし、キューバ帰りの選手たちが主張するストライクゾーンがナショナルチームの常識となっていた。それも、二種類あるのである。いずれも、ストライクゾーンの高さの上限についてだが、ひとつは、胸のマークだという説。もうひとつは、バットを構えたときのヒジの位置という説。胸のマークなんて、ユニフォームによってちがうし、ヒジの位置も、構え方によって変わる。いったいキューバの誰にそんな嘘を教わったのか。

ピッチングにしても、投手に大切なのはコントロールであるが、我がチームのピッチャーたちは、コントロールを、ストライクを入れることとしか考えていなかった。打たせないためにどうしたらいいかという考え方はなく、ストライクゾーンに速球か変化球を投げることがピッチャーの役目だと思っている。バッターが一番打ちづらいのはどこなのか。そこに投げることがピッチャーに要求されるコントロールである。

したがって、この打撃、投手力整備月間は、技術力向上というよりも、野球の基本的な考え方、ルールを、頭と身体で身につけるための練習となった。バッターはストライクの球を見極めて打つ。ピッチャーは、コースと高低を意識して投げる。

二人で分担して練習メニューが組めたおかげで、一つのグラウンドのいろんな場所でいろんな練習が効率よくできるようになった。こうなると、むしろ大人数の方がよい。

ケイケイが提案したチーム分け案はとりあえず棚上げされた。

そうして、八月を迎えた。

ナイジェリアからはまだなんの連絡もない。ナイジェリアの実力は未知数だが、仮にもアフリカ二位の実績とのことである。まあ、そのときの状態では、とても試合にはならないことが予想されるので、むしろ良かったと思っていた。

さて、この八月は、試合形式を取り入れた練習をすることになっていた。そのため、ガーナ・ナショナル野球チームがどんなチームを目指すのか、方針を決めなければならない。それによって戦略や練習方法が違ってくるので、チーム力の分析は重要である。

ガーナ人の野球。私は、日本的なキメの細かい野球を導入することを考えていた。「考える野球」である。理由はいくつかある。

（その一）従順さ

まず、ガーナの国民性である。

ガーナに限らず、アフリカの国々は、十六世紀ごろから、奴隷として何千万人もの人たちが、西洋人によってカリブ海域やアメリカ大陸に連れ去られた、不幸な歴史を持つ。ガーナの沿岸はかつて黄金海岸と言われたが、それは金が採掘されたことに由来があり、金と同時に、海岸にあるいくつもの城に黒人が奴隷として集められ、そこから船で「輸出」されていった。

ガーナは、一九五七年にサブサハラ（アフリカ諸国のうち、サハラ砂漠以南の黒人諸人種の居住する五十弱の国、地域の総称）の国の中で、戦後初めてイギリスから独立を果たし、アフリカの星といわれた。しかし、第三者の国の人間としてガーナ人と接していると、未だ白人に対して、特別な感情があるのが否めないように感じることがある。白人に逆らえば殺されるか、奴隷として連れ去られてしまった先祖たちの意識が、ガーナ人のなかに染み付いているかのようなのだ。

そこから来るのは、誤解を恐れずに言えば、従順性の高い国民性である。選手たちは、いつもコーチの私が言うことに従順に耳を傾け、指示に従おうとしている。これは、私が、白人（ガーナでは、白人と東洋人を「オブロニ＝外国人」という概念でくくるので、日本人は白人となる）だからということがあるのではないかと思う。ガーナは年長者を敬う伝統が生きており、私が彼らより年長であることも一つの要因ではあるが、外国人であることがそれ以上に大きいのだ。これは、トレーニングコーチを務めるエドモンドが、「ミスター・トモナリは外国人だから、みんなが言うことを聞くが、年長でもガーナ人の自分の言うことは聞かない」とぼやいていたことも根拠のひとつである。

（その二）高い教育レベル

ガーナの言葉は何語ですか、とよく訊かれる。ガーナにはたくさんの言語がある。ガーナに限らず、アフリカは、一つの国の中でたくさんの言葉が話されているケースが非常に多い。それが、欧米の帝国主義、植民地政策により、勝手に地域が分断され、大きく英語圏、フランス語圏などに分けられてしまったのである。したがって、かつてイギリスの植民地だったガーナは、英語が公用語である。

ところで、アフリカでは、識字率の低い地域が多いが、ガーナに関してはかなり高い。これは、ガーナ人が教育熱心な国民であることが大きい。ガーナ政府が教育を政策の最重点課題と位置付け、国家予算も、最大の割合で教育に配分されていることがそれを象徴している。要は、読み書きができる人の割合が高いのである。

これは、日本では当たり前のことだが、アフリカでは非常に大きなアドバンテージになる。私が選手に言ったことが、きちんと伝わる。私が書いたものが、理解される。野球のような、インテリジェンス性が求められるスポーツに、そういう基本的な素養は必要不可欠である。言葉のコミュニケーションなくして、野球は勝てない。

（その三）手先の器用さ

ガーナ在留邦人は「なんでもありのガーナ」という言葉をよく使う。これはいろんな場面で使われるが、総じて、日本人の常識ではあり得ないことができてしまうことに対する驚きと賞賛が入り混じっているものと私は理解している。ガーナ人は器用なのである。見よう見まねで結構なものをつくってしまう。野球のグローブのひもが切れると、どこからかナイロンのひもを持ってきて、直してしまったりする。

野球でいえば、選手たちを見ていて思うのは、バントのうまい選手が多いことである。バントは基本に忠実にすれば誰でもできる、と言われてはいるが、向かってくるボールの勢いを殺して、しかも方向をつけて転がすという作業は、ある程度器用なセンスが求められると思う。以前の自称全日本との試合で、ガーナの選手たちがバントをしているのを見てびっくりしたことを思い出す。それは、セーフティーバント（犠牲バントではなく、自分が一塁に生きるための内野安打ねらいのバント）だったが、結構器用に転がしていた。おそらく、誰に教わったわけでもなく、見よう見まねだったのではないかと思う。

さらにいえば、概して彼らは小細工が好きなようだ。小兵だった私は、現役時代、よくバントのサインが出た。セーフティーバントのサインまであった。これがまたよく成功したので、さらによく出されたのだが、私は、自発的にバントをやったことはほとんどない。やっぱり、ガツンと一発思いっきり打ちたい気持ちが強い。

しかし、我がチームは、四番打者のジミーからしてセーフティーバントを積極的にやろうとする。価値観が違うのだろうか。いずれにせよ、彼らはバントが好きなのである。

これらガーナ人の特性に加え、チームの走攻守のバランスを考えてみる。

走力では、五十メートルを六秒五以内で走れる選手が何人かいる。攻撃面では、大物打ちが今のところ、ジミーひとり。あとは、中距離、短距離バッターがほとんどである。守備面では、投手力が最大の課題である。この時点で投手は本格派ジミーのほかは、荒れ球のフィーフィー、高校生のジョアキム、超軟投派（遅球とコントロールで勝負する）で本職はセカンドのリッチモンドの四人。フィーフィーを除いて、球威はないが、コントロールはまあまあ。野手は、そこそこ鍛えれば守れるようになりそうな有望な選手が多い。

これらから導きだされる野球。それは、機動力野球である。イメージとしては、かつて、自らはすきがなく、相手のすきを突く機動力野球で一九八〇年代に黄金時代を築いた、広島カープの野球であろうか。ガーナ・ナショナル野球チームの目指すチーム像は、この時点で私のなかでは、広島カープに決定したのである。

手作りの練習用ネット

さて、そうなれば欠かせないのがヒットエンドランである。ヒットエンドランとは、一塁ランナーが盗塁と同じようにスタートし、打者はライト側に向けてゴロを打つ。仮に内野ゴロだったとしても、ランナーは進塁できるし、ヒットになれば、ランナーが一気に三塁まで進塁できる。機動力を生かした攻撃に欠かせない戦術である。

打撃強化月間は、引き続き、八月に延長され、ヒットエンドラン講座が毎週開かれるようになった。しかし、練習が足りない。打撃練習は、打ちまくるしかないというのが持論の社領。どうしたらもっと打撃練習を増やすことができるか。

単純である。一度に複数の人間が打てるように、打撃練習用のネットを入手すればいい。だが、日本から買って送るのでは、相当の金額がかかる。なんとか、ガーナで作れないか？「なんでもありのガーナ」である。

しかし、それでも、鉄材やネットを購入したりするのには、ある程度の金がかかる。私は、社領と相談した。

「在留邦人の方から、寄付を募れませんかね」

「それはいいアイデアですね。結構応援してくれる人もいるし、協力してくれる人は多いと思いますよ」

「よし、じゃあ、ジャイカ関係者と大使館関係者は、僕がやりますから、民間企業の方々は、社領さん取りまとめてください」

というわけで、第一回在留邦人対象、ガーナ・ナショナル野球チーム運営活動資金の募金を行った。幸い、多くの方に趣旨賛同していただいた。たまたまこの時期にガーナに出張してきた方からも協力してもらった。その結果、官民あわせて三千ドル（約三十六万円）を超える金額が集まったのである。予想を超える大成果である。

「よし、バッティング練習用のネットを作るぞ！」

とりあえず必要なものを考えた。鉄材、ネット、溶接剤、ドリル、溶接工、と、こんなところか。

さて、それらの調達をどうしようか。

私は、アクラの中小工業地帯でコンピューター関連機材の会社に勤務する、チームの副キャプテンのクエノに相談してみた。彼はキューバでコンピューター関係の職業訓練学校で学びながら野球を覚えた。クエノなら、野球の用具を製作するにあたってイメージがわきやすいかもしれない。大柄でがっちりしている彼は、コンピューターとは縁のなさそうな野性味のある顔だちだが、明るい性格で、頭の回転も速い。私のやろうとしていることをいち早く理解し、興味を示した。私は、ネットの完成図を描いてみせた。

「溶接工なら、知り合いがいます。安く作らせます。材料は、アダブラカの先の方で売ってますよ」

「よし、連れてってくれ」

この日から、しばらく、会社の勤務時間が終わる五時から、クエノと小売り店街のアダブラカ通いが始まる。

まずは鉄パイプである。太すぎず、細すぎず、筒状で、しかもそれなりの強度がなければならない。クエノはいくつかの店を紹介してくれたが、どこも通常五時を少し過ぎると店じまいを始めるので、五時にならないと会社を出られない私は、あまり見て回ることはできない。しまりかけている店に飛び込みで入るしかなかった。

ネットは、全部で八つ製作する計画だが、購入する鉄材の量としては、店側からすれば、いい客ではないだろう。夕方の店じまい時に飛び込み、粘った上にしつこく価格交渉する日本人。いやがられて当然である。そんななかで、ようやく適当な鉄材をみつけた。ほかの店と比較しても、決して高くはない。後日クエノが車をチャーターして取りにくることにし、とりあえず購入した。

手作りの練習用ネットで初練習

さて、次はネットの素材探しである。これが、なかなか大変だった。アクラ市内には、ジェームスタウンという、かつて野口英世がガーナで黄熱病研究をするために上陸した漁港のある町がある。今もそこでは漁業が営まれており、漁網が使われているので、それを売っている店を回ってみた。しかし、適当なものが見つからない。野球のボール（硬球）を受け止める強さと張りと、ボールを通さない適当な大きさの編み目。しかも、漁網として売っているので、買うとなると、ものすごい大きさのものを一括で買う必要がある。漁網だけに、きり売りはしてくれない。結局、必要な大きさの何倍もの大型漁網を購入するはめになった。

土曜日の午前中。いよいよ製作にかかる。知人に借りたドリルをもって、アクラ北西部郊外にあるクエノの家にいくと、彼の友人の溶接工が待っていた。私は、ふたたび完成予想図をみせて説明する。

「とにかく頑丈なやつを作ってくれ」

「オーケー！　二日もあればできるよ」

ガーナ人にありがちな調子よさ。でも、クエノの友人だから大丈夫だろう。

「あと、できれば、鉄パイプが錆びないように、ペンキを塗ってほしい」

「よっしゃ。きれいに塗ってやるよ。赤がいい？　黄色？」

「緑にしてくれ」

「地味な色が好きなんだね。まかしとき！」

別に地味な色が好きなのでなくて、日本で使われているものが通常緑色なので、そうしたのだが、よく考えてみると、ガーナらしく黄色や赤など、違う色にしてみるのもよかったかもしれない。

それから何日かたった平日の夕方。とりあえず溶接が終わったというので、クエノと一緒に溶接工の工場に足をはこんで、見ることにした。

「おお！　できてる！」

難しいと思われた、ピッチャーを保護するL字型ネットも、頑丈そうだ。ペンキで緑色に塗られていた。

「じゃあ、これにネットを取り付けてくれ。パイプにドリルで穴をあけて」

私は、穴をあける位置に印をつける。

「今週の土曜日にはグラウンドにもってくよ」

「急がなくてもいいから、丁寧にお願いするよ」

「心配するな。いいもの作るからさ」

というわけで、さらに次の土曜日。二時にグラウンドに行くと、ネットが八台納品されていた。

「これはいい！」

予想以上のできばえだった。選手たちは物珍し気にネットを見ている。早速、二箇所にピッチャーネットを設置した。いかにも、野球の練習場という感じだ。

中身はまだまだだが、少しずつ、野球チームらしくなっていくのを感じ、嬉しくなった。

ブロックサイン登場

この日から、打撃練習が倍できるようになった。機動力野球に欠かせない、ヒットエンドランの練習も始めた。といっても、彼らはヒットエンドランを知らなかった。キューバ帰りの選手のうち何人かは、言葉を聞いたことがある程度だった。ガーナ・ナショナルチームが機動力野球を標榜《ひょうぼう》する以上、取り組まなければならない重要な戦術である。よって、打撃練習は右打ちを中心に行った。

バント、盗塁、ヒットエンドラン、とくれば、必要なものはサインである。

野球のサインは、いろんなやり方がある。プロ野球でお馴染《なじ》みのブロックサイン。帽子、アゴ、胸、ベルトなど、それぞれの部位をバントやヒットエンドランなどと決め、一箇所キーをきめて、その次に触ったところをサインとするのが一般的である。高校野球で使っているところも多いフラッシュサイン。一箇所だけさわったり、腕を組む、帽子を直すなど、ある動作をしたらそれがサインとなる。これはブロックサインより覚えやすく間違えにくい。

しかし、ガーナ・ナショナル野球チームは、ブロックサインを導入することにした。まだ野球をよくわかっていない彼らに、あえてより難しいブロックサインを使うのには、意味があった。

それは、彼らナショナルチームのメンバーには、ガーナ野球のシンボルとして、スタンダードな野球を覚えてもらいたいということにある。

ガーナに野球が根付いていくためには、彼らが将来指導者として、正しい野球、正しい技術を教えていくことが重要である。野球が普及していくために、彼らを将来の指導者となれるように育てたい。ナショナルチームを指導した根底には、そんな私の勝手な願いが常にあった。

さて、そのブロックサイン。後にサインの種類は増えていくが、このときはまず三種類だけにした。盗塁、バント、ヒットエンドランである。口を触ったら盗塁。胸を触ったらバント。ベルトを触ったらヒットエンドラン。キーサインは、そのときどきに変わる。

早速、練習でやってみた。試合形式で、私が三塁コーチャーズボックスから打者にサインを送る。案の定、混乱した。ランナーがサインを見ない。サインを見るタイミングが悪い。キーサインを見逃す。さらに、そもそもサインを勘違いする。サインの練習には、根気よく、時間をかけた。

九月に入っても、ナイジェリアからの連絡はない。どうやら、この話は立ち消えとなりそうである。

十月に入り、社領が一時帰国をし、大学時代の友人のつてなどで野球道具を集めてきた。バットやボール、グローブなど、何箱にもなる量である。中古ユニフォームもあったので、これで、練習はかなりやりやすくなった。

このころ、グラウンドの移転の話が持ち上がる。これまでのグラウンドが、あまりに状態が悪いので、それに代わる場所を探していた。するとケイケイが、自分の母校である、近所の高校のグラウンドを優先的に使わせてもらえるよう、かねてから交渉していたところ、ようやく許可がおりたという。

ラボネ・セカンダリースクールという名のその高校のグラウンドはだだっ広い。野球をやるには石ころが多く、決して十分な状態ではないが、これまでのグラウンドよりは、はるかにましである。そんなわけで、ホームグラウンドを変えることになった。

しかし、ナイジェリア戦が立ち消えとなったことは、選手の士気に影響した。何か、またモチベーションとなる企画が必要である。

そこで、ひさしぶりに、自称全日本チームとの練習試合をすることにした。実は、私が最初に参加した試合以後、三ヶ月に一度くらいの割合で試合をしてきた。少しずつ点差を広げて勝てるようになってはきていたが、今回の試合は、初めてブロックサインを導入することになる。

私が初めて彼らガーナ人チームと出会うきっかけとなった試合から、ちょうど一年たった十二月の下旬。

九時試合開始のこの日、ガーナチームは朝七時集合である。そうすれば八時には全員集合と相なる読みである。

余談であるが、「ガーナタイム」と言われるものがある。七時といえば、日本人は七時〇分を意味するが、ガーナタイムでは、七時とは七時〇分から七時五十九分のあいだを意味する。したがって、七時集合で七時五十九分に着けば、それは遅刻ではない。

この日、七時集合で、八時までに全員集合。見事遅刻者なしだった。

試合は、自称全日本チームの監督を社領が務め、ガーナチームを私が指揮した。

試合前のシートノック。ボール回しから、一塁送球、ダブルプレー、さらに内外野連携。シートノックを始めて半年が過ぎていたので、だいぶ上達していた。これには、日本側の観客席から歓声があがった。ガーナ在留邦人の皆様には、募金を通じて、ナショナルチームを応援していただいている。そんな方々に、成長したチームの姿を見せることができている。

私は、ちょっと嬉しかった。でも、びっくりするのはまだ早い、と内心ほくそえんだ。

試合開始。

一回表。ガーナチームの攻撃からである。先頭バッター、俊足のペペがヒットで出塁。さあ、ブロックサインである。三塁コーチャーズボックスに立つ私は、ゆっくりと盗塁のサインを出す。このブロックサインを出すだけで、日本側観客席から再び歓声があがる。期待に応えて、しっかり仕事しろよ。

初球にペペが盗塁を決めた。続いて二番のリッチモンドにバントのサインを出す。一回表からバントなんて、私の趣味ではないが、この日の試合のテーマは、サインプレーをきっちりこなすこと。バントプレーは決まった。しかも、一、三塁オールセーフ。三番ジョシュアのときに盗塁サインで、これも決まって二塁、三塁。ジョシュアが四球で歩いてノーアウト満塁。続く四番のジミーは、期待に応えてセンター左にヒット。あっという間に二点先制である。

ガーナの機動力野球が発進した。

この試合、点差が開いてもサインを出しまくった。サインを見ていない選手がいれば、タイムをかけて注意する。そのせいで、七回までのゲームにもかかわらず、四時間近い試合となってしまった。

試合結果は、大差でガーナチームの勝利。勝って当たり前である。もういつまでも、こういう試合をしていられない。国際試合の経験を積まなければ、井の中の蛙となってしまう。

なんとかナイジェリアとの試合を実現させたい。

この課題は、翌年の八月に果たすことになる。

野球部を創りませんか？

その試合から四ヶ月たった平成十年四月のある日。私は、アクラ市内にある、とある学校にやって来た。日が長いとはいえ、六時を過ぎていたので、少し薄暗くなっているが、まだ夕日が校舎を照らしている。

ナショナルチームの差し迫った重要な課題は、国際試合の経験を積むこと。だが、より長期的な視点で取り組まなければならない課題がある。それは、いかに才能ある選手を発掘し、育てていくかということだ。

ナショナルチームの練習は、毎週土曜日。学生、社会人、無職、いろんな人間が集まってやっているが、もともとはキューバ帰りの選手たちが中心となって草野球をやり始めたことが発端だった。しかし、キューバへの留学生は年々減少しており、我がナショナルチームに新しいキューバ帰りの選手が入ることはもうほとんどない。若い血を入れなければチームの存続が難しくなる。

野球人口を増やし、選手層を厚くする。それには普及活動が必要だ。私は、そのために学校での野球の普及を考えていた。手始めにいくつかの高校に野球部を創ろう。そしてリーグ戦を行う。徐々に中学校にも野球部を創る。野球の裾野《すその》を広げて行かなければならない。

そして、それら学校の野球部から、将来ナショナルチームを背負う選手が出てくれば。

まず、高校野球部創部第一号となる高校をどこにするか。野球普及活動の第一歩にあたって、「いい高校」はどこか。その条件はいくつか考えられた。まず、ある程度裕福な学校であること。整備されたグラウンドがあり、生徒が野球をやる時間があるくらいの余裕が必要である。そして、寮があること。野球部活動を進めて行くうえで、やはり部員が集まりやすく、連絡がつきやすい環境が必要だ。さらに重要なことは、学校側に理解があること。校長先生や、体育教官の、新しいスポーツを受け入れようとする気持ちが不可欠である。

私は、ケイケイやほかの選手たちに、そういう「いい学校」を探すよう指示をしていたが、なかなか候補学校があがってこない。

そんなとき、私がやろうとしていることを知ったあるガーナの友人が、自分の知人が校長を務める学校を紹介してくれた。そこは職業訓練学校だが、グラウンド、寮があり、しかも校長先生は、カナダに留学したことがあるという。少なくとも、野球を知っているかもしれない。

早速、その友人にお願いして、学校に連れて行ってもらった。

アクラ職業訓練学校（ACCRA TECHNICAL TRAINING CENTRE）。ＡＴＴＣというその学校は、ジャイカ事務所から車で七、八分の至近距離。アクラ市内の真ん中あたりに位置する。最初の訪問であるこの日は平日であり、会社の業務時間が終わってからの時間だったので、学校の閉門時間まであまり時間がない。そこで、とりあえずグラウンドと寮を視察することにした。グラウンドは野球をやるにはちょっと狭いが、地面は平らで石も少ない。ボールは硬球ではなく軟球で始めようと思っていたので、打球がグラウンドから出ることがあっても大丈夫だろう。

次に学生寮に行ってみた。突然の東洋人の訪問に、何ごとかと興味深げに私を見る数人の生徒たち。体格のいい真面目そうな男子生徒をつかまえて、早速突撃インタビューを敢行した。

「君は寮生？」

「そうだよ」

「何かスポーツやってる？」

「サッカーとか、バレーボールかな」

「スポーツやる時間があるんだ」

「午後スポーツの時間があるし、サッカーは、毎週試合をやってるんだ」

「サッカーをやんなくちゃいけないの？」

「それは生徒の自由だよ」

私がインタビューをしているあいだに、いつの間にかまわりに人垣ができていた。たくさんの生徒たちが私たちのやりとりを聞いている。

「ところで、ベースボールって知ってる？」

「ああ、知ってるよ。スティックをふりまわしてボールを打つやつでしょ？」

「それは、クリケットかも。ベースボールは、グローブを持ってやるんだ。アメリカや日本で盛んなんだけど」

「ああ、たぶんテレビで見たことがあるよ」

見れば、まわりの生徒たちもうなずいている。私は、そのあたりの生徒全員を向いて訊いた。

「君たちはベースボールをやってみたいと思う？」

即座に何人もの生徒たちが答える。

「機会があればチャレンジしたいな」

「うん、やってみたい！」

「俺も！」

よし、なかなかいい感じだ。いいぞ。私はちょっと意地悪な質問をした。

「でも、ガーナ人はサッカーが好きだろ。野球よりはサッカーをしたいだろ」

すると生徒たちは反論した。

「ガーナ人がサッカーをやるのは、ほかのスポーツがないからだよ。教える人もいないし。サッカーしかなけりゃ、サッカーしかやれないよ」

「もっとほかのスポーツをやってみたいよ。テレビでしか見たことがないスポーツがいっぱいある。いろいろとやってみたい」

「野球はなんか道具がかっこよさそうじゃん。ガーナには道具がないから問題なんだ」

いける！　少なくとも、生徒たちには関心を持ってもらえそうだ。なによりも、ベースボールというものがどんなスポーツであるか、おぼろげながら認識しているような生徒がいるのは心強い。

後日、その知人を通じて、改めて校長先生のアポイントをとった。前回同様、平日の夕方六時ごろの訪問なのに、小太りで親しみやすそうな丸顔の校長は、笑顔で私を迎えてくれた。

まず自己紹介である。私は、ナショナルチームの監督をしながら、野球の普及活動をしようとしていることを説明した。

するると校長は言う。

「ベースボールか。私は昔、カナダに留学していたことがあって、野球は知ってるよ。おもしろそうなスポーツだ」

これは話が早い。ATTCに野球部を創りませんか？

「ガーナ史上初めての高校野球部の名誉が我が校に与えられるわけだね。それは光栄だ。グラウンドの利用日を決めて自由にやってくれ」

校長先生は、あらかじめ同席させていた体育担当教員に、サッカー大会の日程などを聞き、三週間後からならいつでもグラウンドが使えることを確認してくれた。

「しかし、ミスター・トモナリ。ひとつアドバイスをしたい」

ニコニコしていた校長は、ちょっと真顔になって言う。

「いきなり野球をやるといっても、野球がどんなスポーツか、知らない生徒たちばっかりだ。まず最初に野球紹介セミナーを開いたらどうかね。野球のビデオを流すとかね。ビデオデッキは、我が校のものがある。もちろん、あいてる教室を使ってもらってかまわない」

野球紹介セミナーか。いいアイデアだ。しかし、一時帰国を近くに控え、時間がない。会社が半日で終わる水曜日の午後を使って、やらせてもらおう。

「校長先生、アドバイスありがとうございます。ぜひやらせてください。ただ、私の勝手な都合で、ちょっと急な話で恐縮ですが、できれば、来週の水曜日に実施させていただきたいのですが」

校長先生は快諾してくれた。

「いいとも。生徒たちに声をかけておくよ」

大盛況の野球セミナー

一週間後の水曜日。記念すべき初の野球セミナーは三時から開催である。私は、ケイケイと社領に声をかけ、ATTCの正門を入ったところで二人と合流した。

社領はビデオテープを私に見せて言う。

「野茂が投げているビデオを持ってきましたよ」

「それはいいね。大リーグで日本人が活躍しているところをさり気なくアピールできるし。ケイケイ、野球の道具は持ってきたか？」

「グローブとボール、バット、それからキャッチャー道具を持ってきました」

「ちょっとデモンストレーションをやろうと思うけど、キャッチャー道具は使わないかもしれないな」

話しながら、校長室に向かう途中、掲示板を見たケイケイが私に声をかける。

「ミスター・トモナリ。今日のセミナーの告知ポスターが張ってあります」

見ると、学校で一番大きな掲示板の中に、この日のセミナーに我々三人がやってくることが書かれ

立ち見が出るほどの人気

ている。

あいにく急用ででかけてしまった校長にかわって、年配で細身の副校長が校長室で出迎えて言う。

「お待ちしてました。生徒が会場にご案内します」

生徒会のようなものがあるのだろうか。いかにも真面目そうな三人の生徒が私たちを先導していった。

「ここです」

えっ？　ここは体育館じゃないか。中を覗《のぞ》くと、ものすごい人数の生徒がざわざわとしながら待っている。てっきり、三十人くらいの生徒たちに、クラスルームを使って学校の授業のような感じでやるものと思っていた私は仰天した。一大イベントになっているのである。

セミナーといっても、たいした構成を考えていたわけでもない。しかし、ここまで来たら引き下がれない。

体育館に入っていくと、舞台の上に大きなテレビが二台、その間に置かれたテーブルの上にマイクが置いてあ

初の野球セミナー
左がキャプテン・ケイケイ、中央が筆者、右が社領コーチ

る。その後ろには、講師用の椅子と思われるものがいくつか置いてあった。すばらしい準備である。私は、先導してくれた生徒に黒板の用意をお願いした。生徒たちは、てきぱきと大きな黒板を舞台の上に設置し始める。

我々は、とりあえず舞台の上にあがり、ビデオをセットし、舞台の上の講師用の椅子に座った。見渡すと、講堂いっぱいに人が溢《あふ》れ返っている。ざっと数えたところ、三百五十人くらい入っていた。

予期せぬたくさんの生徒を前にして、ほとんど何も準備をしていない状況で、しかも、英語での講義。本来なら緊張してもよさそうだが、不思議とそうはならなかった。これだけの生徒が野球に関心をもっている。やりがいがあるじゃないか！

少しでもわかりやすく、興味を引くようにするにはどうしたらいいかを考えた。

「生徒諸君、我が校は、ガーナで初めての野球部を設立することになり、本日はナショナル野球チームの監督、コーチ、キャプテンが講師としてセミナーを開いてくれることになった……」

副校長の挨拶があり、いよいよ講師陣の登場である。行きあたりばったりであるが、とにかくつかみが大切だ。

「みなさん、こんにちは。この中で野球を知っている人は手を挙げてみてください。そこの君、どこで野球を知ったの？」

気さくなお兄さん風に、なるべく生徒たちに直接話しかけるような口調を心がけ、適宜《てきぎ》挙手をさせるなどをして参加意識を持ってもらった。

「野球は、世界的に行われているスポーツです。アフリカを除いてね。アメリカ、キューバ、日本が世界のトップレベルなんです。日本といえば、ソニーと車というイメージを持っているかもしれないけど、実は野球もすごいんです」

三百五十人の生徒たちは、誰ひとり無駄話をするでもなく、じっと、私の話を聞いている。

「アメリカや日本には、プロ野球があって、プロ選手になると、みんなお金持ちになれます。例えば、日本で今二十二歳のトッププレーヤーの年収は三億円で、そこまでいかなくても、プロチームのレギュラーは、みんな一億円くらい稼ぎます」

二十二歳のプレーヤーとは、当時日本のプロ野球で毎年首位打者を獲得していたイチローのことだ。年収十万円以下の人が当たり前のガーナ人には信じられない金額だろう。金の話を高校生にするのはどうかというのもあるが、こういう話が一番彼らの興味を引くのは事実。きれいごとだけでは実は得られない。

今、ガーナにナショナルチームがあること。オリンピックを目指していること。そして、ガーナでトップレベルの選手になるには、サッカーと比べて格段に簡単であることを話した。早く始めたもの勝ちですよ、なんて、なんだかマルチ商法の勧誘のようだ。

この後、野球の大まかなルールを黒板で説明し、ケイケイがキャッチャー、社領がバッター、私がピッチャーに扮《ふん》して舞台の上でデモンストレーションをし、そのあと野茂が投げる大リーグビデオを流し、画面を見ながら説明をしていった。今考えると、事前準備がなかったわりには、なかなかの構成である。舞台上では、我々三人の息もぴったり合った。

生徒たちの反応は、上々だったように思う。自由参加のこのセミナーを途中退席した生徒は、わずか数人しかいなかった。

正味五十分くらいのセミナーは終わった。私は充実感でいっぱいだった。

こんなにたくさんの生徒が野球をやりたがっている。そうだよ、野球は楽しいスポーツだ。きっと好きになるぞ。

野球を通じてチームワークの大切さがわかれば、人と協調することの大切さもわかるだろう。

そして、野球はサッカーと違って、チームのひとりひとりに必ず出番が回ってくるスポーツだ。

ONE FOR ALL, ALL FOR ONE. ひとりはみんなのために、みんなはひとりのために。

それが野球なんだ。

ナショナルチーム長期強化計画に欠かせない、才能ある選手の発掘、育成。ATTC野球部設立はその第一歩であり、そのためのセミナーだったはずだ。

しかし、なんだかそんなことはどうでもいい気分だった。ただただ、彼らのうち、ひとりでも多くの生徒が野球に親しんで欲しいという思いだけを感じていた。

「ケイケイ、どのくらいの生徒が集まるかな？」

手応えはあったものの、心配性な私はケイケイに聞く。

「いいセミナーでしたよ。あれならあふれるぐらい生徒が集まりますよ。みんな食いつくように聞いていましたから」

ATTCには、その翌週から、限定三十人を登録して、学校公認野球部が設立された。ケイケイの予想通り、たくさんの生徒の応募があったらしい。これからナショナルチームの選手がコーチとして毎週派遣されることになる。ガーナ建国史上初めての（？）高校野球部誕生である。

これを皮切りに、野球を普及させていければ。

思いは、未来へと続く。

不退転の決意

ナショナルチームのコーチを始めて一年間で、練習環境も徐々に整備され、また選手たちの実力も少しずつ向上し、オリンピックを目指して、野球チームらしくなってきた。

また、徐々にアフリカの野球事情もわかってきた。どうやら、アフリカでは、南アフリカ共和国が圧倒的に強いらしい。ヨーロッパのチームとやって、試合になるどころか、日本の社会人野球チームとも対等に試合をするとのこと。ようやく、中学野球レベルから、高校野球レベルになろうとするわがチームでは、まだまだ相手にならないようだ。


このころ、私は、ナショナルチームを今後どうしていくか、考えていた。オリンピックは目指す。しかし、二〇〇〇年のシドニーオリンピックは、あと二年でやってくる。現実的には、奇跡でも起きない限り無理だ。本気になってオリンピックを目指すのであれば、まず、野球の裾野を広げ、学校や社会人が野球をできる環境をつくり、その中から選ばれた者による真のナショナルチームを作らなければならない。そのためには、野球を普及させる必要がある。

野球を普及させるためにはなにが必要か。

ヒト、モノ、カネ。

普及していくための普及員としての人材がまず必要だ。

職業訓練学校（ＡＴＴＣ）に野球部を創部したが、より多くの学校に野球を普及させていくことは、私のような一サラリーマンが片手間にできることではない。前述したように、私は我がナショナル野球チームの選手たちを、指導員となれるよう意識して育ててきた。将来彼らがコーチとしての人材供給源となるだろう。しかし、今は野球を基本からきちんと学んだ経験者が必要だ。日本から青年海外協力隊「野球隊員」として野球のコーチを呼ぶことがもっとも有効であろう。

そして、次に問題なのは、モノ、すなわち、野球道具である。ATTCに創った野球部では、毎週ナショナルチームの選手が、いつも練習で使っている道具を毎回練習があるたびに携行して使っていた。しかし、それでは、普段生徒が自分たちで野球がやりたいと思ったときにできない。ATTCだけでなく、今後野球部を増やしていくには、もっともっと多くの野球の道具が必要である。

最後にカネ。

普及活動には、金が欠かせない。コーチの日当、交通費。野球大会を開催する経費。しかし、カネについては、もっと重要な目的があった。それは、ナショナルチームがオリンピック予選に参加するための、旅費である。

二〇〇〇年のシドニーオリンピックのアフリカ予選は、南アフリカのヨハネスブルグで開催されるらしいことがわかった。ヨハネスブルグは遠い。広大なアフリカ大陸を縦断することになる。ガーナから直行便が出ているが、航空チケットだけで、ひとり八百ドルはかかる。十五人でいっても、百五十万円。さらに滞在費やら何やらで、おそらく二百万円は下らないのではないか。

そんな大金、ガーナ政府が、マイナースポーツの野球に出すとはとても思えない。

自力でカネを集めなければならない。

私は、何がなんでも、予選にチームを連れて行こうと思っていた。彼らに夢をもたせた者の責任として、彼らに夢を追う機会を実現してあげたいことがひとつ。そしてもっと重要なことは、ガーナに野球があることを、ガーナの国民に知ってもらうためである。

ガーナにナショナル野球チームがあり、オリンピック予選に出場する！　この事実は、子供たちにどれだけ大きな夢を与えることか。そして、スポーツ省にとって、野球が無視できない存在になれば、予算もつくようになるだろう。

モノとカネ。なんとか調達しなければ。

私には考えがあった。

平成十年の夏。赴任して一年半ぶりに、一時帰国をする予定になっていた。

ジャイカでは、海外勤務が三年以上になる場合、着任後一年半を過ぎると、休暇を利用し、日本に一時帰国ができる制度がある。この帰国を利用して、日本でモノとカネを調達したい。

私は、日本で野球の普及に必要なだけの道具と、目標の額に達する寄付金を募ろうと、不退転の決意を胸に秘めた。そして、それを実行するために、帰国前にガーナでやらなければならないことがあった。

監督就任

まず、何よりも先に、私の立場をはっきりさせる必要があった。ナショナルチームのコーチ、といいながら、誰がナショナルチームとして認めているのだ？　選手たちが、勝手にそう自称しているだけではないか。

だが、実際にガーナで野球を本格的にやっているのは、我がチームだけである。国際試合があれば、我がチーム以外に出られるチームは存在しない。

そして、私は、コーチといいながら、実は監督である。練習も試合も、私が指揮をとっている。日本に帰国する前に、ここのところをはっきりしておかなければならない。

ケイケイにこのことを相談すると、スポーツ省傘下の国家スポーツ評議会（＝ナショナルスポーツカウンシル、以下スポーツカウンシル）に行き、同評議会ナンバー2にあたる、スポーツ開発筆頭事務官ジョー＝クワテン氏に相談するとよいと言う。

四月上旬のある日。私は、会社の昼休みを利用して、ケイケイを伴い、スポーツカウンシルを訪れ、ジョー＝クワテンに会った。初めて会うクワテンは、やや太った五十歳くらいの男だった。柔和な顔の奥に、頑固さ、芯の強さを感じる。

「初めまして、クワテンさん。私は、ナショナルチームの監督をしている友成という者です」

「君のことは、ケイケイからよく聞いているよ、ミスター・トモナリ。ガーナの野球はどうだい？」

「野球をご存知なんですか？」

「私は、若いころ、キューバにいたことがあってね。野球はそこで知った。私も野球は好きなんだ」

なんてことだ。これは嬉しい展開だ。顔がにやけそうになるのを抑えながら、ナショナルチームや野球の現状、野球を普及させていきたいことなどを説明した。

「そんなわけで、今度日本に一時帰国した際に、道具とお金を集めたいと思っているんです」

「それは、ぜひがんばってくれたまえ」

「そのためには、私が、ナショナルチームの監督であることを証明するものが欲しいんです」

「そうか、それはおやすいご用だ。任命状でいいんだな」

「なんでも結構です。私が監督であることを証明するものであれば」

「わかった。今週の木曜日にまた来なさい。レターを用意しておくよ」


約束の木曜日、ジョー＝クワテンの執務室にケイケイと一緒に行った。

「ミスター・トモナリ。任命状だ。ぜひ頑張ってくれ」

レターを手渡してくれるジョー＝クワテン。

「ありがとうございます。ところで、クワテンさん、実は、新聞記者が外で待ってます。インタビューをしたいと言っているのですが。ついでに写真も」

「プレス発表とは、手回しがいいな」

新聞記者とカメラマンは、もちろん、私が知人に頼んで呼んだのである。この「ナショナル野球チーム、日本人監督任命」の記事は、意外に大きく取り扱われた。ガーナ国内的にものすごい広報効果である。これで、日本に帰って、ガーナ・ナショナル野球チームの監督として活動できる。

そして、私がナショナルチームの監督に任命されたことには、もうひとつ大きな意義があった。それは、スポーツ省、スポーツカウンシルが、私を監督として認めたことにより、間接的にではあるが、ライジングスターズを正式にナショナルチームとして認知したということである。

いま、ここに、ガーナにナショナル野球チームが正式に誕生した。平成十年四月九日のことだった。

「がむしゃら」の反響

一年半ぶりの日本の土。ジャイカ職員は、通常、この手の休暇帰国は、途上国の苛酷《かこく》な生活条件、勤務環境で疲れた心身を休ませるため、健康診断を受けて治療をしたり、日本の食材を買いだめするなどしながら過ごす。

しかし、私の場合、もちろんそんな暇はない。ガーナの野球のため、資金集めと道具集めをやらなければならない。だが、時は平成不況の真っただ中。募金など、果たして集まるのか。

私は、自分のあらゆるつてを頼り、支援、協力を得るために全精力を傾ける覚悟を決めていた。

まず、考えられるのは、マスコミを通じて支援を呼びかけることである。実は、帰国前、ガーナからジャイカ本部広報課の課長代理に、支援をよびかけたいと相談の私信を送っていた。帰国後、会社に顔を出すと、その課長代理は好意的に、すでに取材のアレンジを進めてくれていた。週明け、朝日新聞の取材を皮切りに読売新聞、ジャパンタイムスなどの取材を受け、報道された。

さあ、どれだけの反響があるだろうか。

そんな心配は杞憂《きゆう》だった。新聞記事には大きな反応があった。それ以来、ほとんど毎日、私の時間は、すべて野球のために使った。

また、掲載記事を片手に母校の野球部ＯＢ関係者、知人、友人、プロ野球やアマチュア野球の関係者などを訪ね、支援を依頼する。飛び込みでいくつかの大企業に行ってみたこともあった。

この一ヶ月は、まさにがむしゃらに突進した日々であった。そしていろんなことがあった。それは、いいことばかりではなかった。筋が通っていない、と、大学野球部の大先輩に怒られたこともあった。飛び込みで入った企業に「それは甘いよ」と諭されたこともあった。多くの人に会い、たくさんの人を巻き込めば、無理も生じる。

ただ、いずれにせよ、マスコミに記事が掲載されたことは、やはり非常に効果的だった。新聞記事があったから、信憑性《しんぴょうせい》が出て、知人や企業の協力を得やすくなったことは否《いな》めない。また、新聞記事がラジオ出演につながり、そこで支援を呼びかけたところ、さらに成果を生むことになった。

しかし、新聞記事の最大の成果は、道具である。それこそ全国から、山のように道具が集まった。道具送付先は、ガーナ大使館の協力をいただき、同大使館の地下倉庫を使わせてもらったが、その荷

日本全国から寄せられた善意

物を整理分類するときは、まさに嬉しい悲鳴であった。

送られてきた道具には、手紙が同封されているものも多い。

「新聞を見ました。家にあったボールを送ります」と、中学生の男の子。

「学校の倉庫に眠っていた道具を送ります。頑張ってください」と、ソフトボールチームの女子高校生。

「亡くなった夫が使っていた形見のグローブです。ガーナで使われたら、夫も喜ぶと思います」と、年配らしきご婦人。

「わずかですが、何かの足しにしてください」と、お金を同封してくださる方も。

ひとつひとつの送られてきた道具に、気持ちがこもっていた。どんなに選手たちが喜ぶだろう。そして、これから野球を始める子供たちに、大きなプレゼントになるであろう。大事に、大事に使わなければ。

しかし、順調に見えた支援獲得活動であるが、開始一カ月近くたち、七月に入ったころ、私は徐々に焦り始めていた。道具は集まるが、募金が思うように集まらないのである。最低二百万円は必要だったが、集まった募金は、道具の輸送費用を除くと、まだ五十万円くらい足りない。

道具が集まったので、普及活動はできるようになるが、このままでは、ナショナルチームの予選参加が危うくなってくる。成田を出発するまで二週間をきり、残りの時間がどんどん少なくなっていく。

汗まみれになりながら厳しい練習についてきている選手たちの顔が思い浮かぶ。オリンピックを本気で目指している彼らの夢がかかっているのだ。このままでは帰れない！

起死回生

帰国日がどんどん迫ってくる七月上旬のある日。まもなくガーナに帰る私のために、ジャイカに転職する前の勤務先、リクルートコスモス社の元同僚たちが、激励会を行ってくれた。それは、社内で集めた個人募金を渡してくれる日でもあった。コスモス社を辞めてすでに六年が経過していた。人使いが荒い会社との評判どおり、私も同社に所属していたときは、楽しかったが激務が続き、しばしば身体を壊したものである。しかし、この会社、ハートは熱い。元同僚たちは、社内だけでなく、リクルートグループ全体をまき込んで、グループ内に「ガーナ・ナショナル野球チームを応援する会」を結成し、支援を広く呼びかけくれたのだ。

その激励会で、募金をいただいたあと、元同僚のひとりが私にこんなことを言った。

「友成さん、実は、みんなからの個人の寄付とは別に、会社から寄付金が出せないか、今幹部に検討してもらっているんです。」

「えっ！　本当？　それは検討してもらうだけでもありがたい話だなあ。期待しないで待ってるよ」

平成不況の真っただ中である。不動産会社リクルートコスモスが業績好調という話は聞かない。だいたい、会社を辞めた人間のために、寄付すること自体考えられない。私は、期待しなかったので、待ってもいなかった。すると、それから数日後、その同僚から電話があった。

「友成さん、寄付が出るみたいです！」

「ええっ！　信じられないなあ」

「本当です。今度の金曜日に、会社に来てください」

来てくれということは、本当にいただけるのだろう。ありがたいことである。

ガーナに帰る三日前の金曜日。アポイントの午後五時ちょっと前に、東京都港区芝浦にあるリクルートコスモス本社に行った。

近代的なこのビルの目の前には、東京の名所レインボーブリッジがある。受付を通り、広めの応接室に通される。噴き出す汗を拭いながら、皮張りの落ち着いた応接セットにいったん腰を落とした。大きな窓からは、レインボーブリッジが眼前に見え、遠くに視線を移すと、商船がブリッジの下をゆっくり通るのが小さく見えた。

落ち着かずに再び立ち上がってそのまま待っていると、ドアをノックする音がして、話を会社に上げてくれた同僚が入ってきた。しばし談笑していると、またドアが開き、二人の男性が入ってきた。ひとりは取締役。そしてもうひとりは、なんと私がかつて仕えていた上司ではないか！

「友成、久しぶりだなあ。友成の活躍ぶり、俺も嬉しいよ」

六年前と変わらない笑顔で彼は気さくに話しかける。しばらく談笑した後、取締役の方が退席された。元上司が、私に聞く。

「今回の一時帰国中は、休む暇なく動き回っていたらしいじゃないか。成果はどうだった？」

ガーナに向けて再び出発する日まであと三日。自分ができることはすべてやったと言えるだろう。完全燃焼という言葉が頭をよぎる。

「たくさんの方が応援してくれました。この世の中、捨てたもんじゃないですね。どんなに感謝してもしきれないくらいです。ただ、やっぱり、不況のせいで、道具に比べて募金の方が苦戦しました」

複雑な思いをつい正直に口に出してしまった。そんな私の話をひととおり噛《か》みしめるように聴き入っていた元上司は、ねぎらうような優しい口調で言う。

「そうか、大変だったろう。我が社も厳しい状況なんだけど、今回は、特別に承認がおりたんだぜ。俺もびっくりだよ」

外が薄暗くなり、大きな窓にはテーブルを挟んで向き合う三人の姿が映って見える。

この不況の中、野球のための寄付なんて、まさに浮き世離れした話だ。身がひきしまるような思いで感謝の気持ちを伝えると、元上司はさらりと言った。

「金額は五十万円。もうすぐ振り込まれるはずだから」

五十万円！　思いもかけない大きな金額にびっくりし、頭の回転が止まってしまった私。

「そんなにたくさん……」

驚きのあまり、思わず言葉につまっていると、元上司は小笑いしながらおどけた。

「俺の金じゃないよ。会社からだから」

冗談を言う元上司の声が遠く感じられる。全身の血が逆流して頭がどんどん熱くなって、なかなか言葉が出てこない。

「実は、これで、当初の目標金額が達成なんです」

精いっぱい冷静に言ったつもりだが、出た声は震えてしまっていた。

表情豊かな元上司は、パッと目を輝かせた。

「そうなのかあ！　そりゃあよかった。我が社も貢献できたわけだ」


西に東に、駆けずりまわった一カ月半。

暑い日も、雨の日も、あった。

たくさんの人に会った。

いろんな場面が走馬灯のように流れていく。


多くの方々からの善意が生かされる。

ガーナの若者たちが、もっともっと野球を楽しめる。

そして、これで、ナショナルチームがオリンピック予選に行ける！

そう考えたとき、突然、熱いものが堰《せき》をきったように胸に込み上げてきた。私を優し気に見ている元上司と元同僚。嗚咽《おえつ》を聞かれてしまいそうになり、思わず口元に手を当てる。しかし、すでに涙がとめどもなく溢れて、止まらなくなっていた。

どのくらい時間が流れたのだろうか。きっと目が充血していただろうが、少し落ち着いてから、ようやく顔を上げた。

「すみません、つい取り乱しちゃって」

この年になって人前で泣くなんて。気恥ずかしさでいっぱいの私だったが、見れば前の二人も目が赤い。

「俺も感動したよ。良かったな、友成。目標達成、おめでとう」

「友成さん、またガーナで頑張ってくださいね」

そうだ。たくさんの方々の支援を無駄にしてはいけない。これまで以上に一生懸命やろう。

私は、強い決意を胸に秘め、一歩一歩踏みしめるようにリクルートコスモスを後にした。

初めての試合が国際試合⁉

「友成さん、ナイジェリアと連絡が取れましたよ。八月の最終週の週末にやれそうです」
社領が私に連絡してきた。
「そうですか！　じゃあ本格的に受け入れ準備をしなくちゃね」

平成十年八月。私は、社領と共に、ガーナ・ナショナルチームにとって、重要なイベントの準備を進めていた。初の国際試合の実施である。

かねてからナショナルチームの課題として、対外試合を行い、試合経験を積むことが重要だと思っていた。ナイジェリアは、前年の秋に試合をしたいと非公式に申し込んできたことがあったが、それは立ち消えになっていた。

しかし、その後、ナイジェリア野球連盟にはこちらからアプローチをかけた。ナイジェリアとの窓口は、社領が担当した。社領はもともとナイジェリアの経済首都ラゴスからガーナに転勤してきたのだが、ラゴスへの業務出張が頻繁にあるので、連絡もとりやすい。実際、出張した際に時間を作って、ナイジェリア野球連盟に顔を出し、直談《じか》判までやった。そうして実施時期がようやく固まったのである。

試合が実際に行われることが決まり、選手たちの士気は大いに高まった。ナイジェリアといえば、南アフリカ共和国と並ぶアフリカの大国である。全アフリカの人口は、推定六億人といわれているが、アフリカ人の五人にひとりはナイジェリア人。一億二千万人の人口を抱え、石油産出国でもあることから、貧富の差が激しいものの、相当の経済力もある。ガーナを含む西アフリカの国々にとっては、ナイジェリアの存在感は非常に大きい。そのナイジェリアとの試合である。

前回のオリンピックアフリカ予選では、南アフリカに次いで二位と聞くその実力はどのくらいのものか。

練習は、それまで一週間で土曜日の一日だけだったが、試合に備え、土、日両日とも練習をすることになった。

しかし、この試合を実施するにあたり、その準備にかける手間は、想像を絶していた。

ここは、アフリカである。序章で述べたように、欧米列強国が、植民地主義に基づき、このアフリカ大陸を分割し、そして搾取した。第二次世界大戦後、アフリカの国々は、次々に独立を果たすが、経済的に自立できる国は少なく、先進国の援助を抜きには国家運営もままならない国が依然として多い。それでも、自ら国家運営のオーナーシップ（主体性）を持てばいいのだが、残念ながらそういった国は少ない。これはアフリカに限らず、途上国全般に言えることかと思うが、先進国にお願いすればなんかやってくれる、という依存体質が染み付いている国が多いのが現状だ。

私が所属するジャイカは、途上国への援助実施機関の一つであるが、ジャイカが行う協力は、「顔の見える援助」、すなわち、「人」を通じて技術協力を行う事業が中心である。ガーナは、アフリカの中では世界各国からの援助がかなり入っているが、それに依存しつつも主体性をもって国家運営しようとする気構えのある、数少ない優等生の国と言われている。しかし、その気構えは、政府の幹部クラスにはあっても、なかなか行政の末端レベルまで浸透していない。すなわち、ガーナの行政機関もご多分にもれず、物事がなかなか進まず、ワイロがあったり、横領があったりで、彼らと協力して仕事を進めていくのは、大変なのである。

本来、国際試合なんていうと、ガーナではスポーツカウンシル傘下の野球連盟がその準備、運営をするわけだが、もちろんガーナ野球連盟にそんな大がかりなイベントは、経験はもちろん、予算もなければやる気もない。そもそも、野球連盟には電話もファックスもないのである。それで、対外試合の運営などできるわけもない。ガーナのスポーツに対する国家予算の九十八%はサッカーにあてられる。野球の予算は、野球連盟の事務局長の給料くらいしかない。

そんなわけで、ナイジェリアとの国際試合を成功させるために、自分たちの力で、すべての準備を行うことにした。

試合の運営予算は、先々のことを考え、日本で集めた募金を使わず、再びガーナ在留邦人の方に寄付を募った。ナイジェリア野球連盟との電話、ファックス連絡は、社領が行った。そして、そのほかの準備は、社領と私が分担し、キャプテン・ケイケイら選手たちとともに行った。私も社領も、平日は会社の仕事があるので、昼休みや夜に打ち合わせを行い、私や社領の指示で平日は選手たちが動くような体制にした。

やることはいっぱいある。近隣国のナイジェリアとは、今後毎年定期的に試合を行うことを目指し、親善試合を「ガーナ＝ナイジェリア杯」、通称「ＧＮカップ」と名付けた。その第一回大会という位置付けとしたので、なんとしても成功させなければならない。そして、ガーナ国民向けにＰＲし、さらに、スポーツ省に野球の存在をアピールしたかった。

したがって、準備にも力が入る。まず、カップというからには、優勝カップが必要だ。これが、ガーナでは適当なものがなかなか見つからない。ケイケイが市内中を走り回ってようやく探しだして購入し、ＧＮカップの文字を刻んだプレートを作って取り付ける。また、記念ペナントを作成。試合の後には、交流親善パーティーを開きたい。そこで、パーティー会場探し、その交渉。ガーナでは、イベントがあると、そのＰＲにバーナーといわれる大きな布きれを看板代わりに作成し、町中に掲げる。観客動員には欠かせない、このバーナーの制作。それから、何もないただのグラウンドに、観客席も作らなければならない。テントやイスの借り上げ、そしてその輸送手段の手配。グラウンドの状態は悪いが、せめて国際試合らしく、スコアボードは立派なものにしたい、ということで、スコアボードの制作。開会式に必要なマイクとアンプシステムの手配。ほかに選手たちの宿泊先の確保から食事の手配。とにかく、毎晩のようにケイケイたちと連絡をとり、進捗状況を確認しながら進めていった。

アフリカ野球連盟会長堂々登場

ばたばたしたものの、準備はなんとか進んだ。試合は八月二十八日と二十九日の二日間で二試合を行う。しかし、最大の問題は、果たしてナイジェリアチームが本当に来るのか、ということだった。国際試合とはいえ、公式戦ではなく親善試合である。ガーナほどではないにしろ、ナイジェリアも裕福な国ではない。今回の試合実施の費用負担は、ガーナ国内での宿泊費、食事代をガーナ側が負担し、ガーナまでの交通費をナイジェリア側が自己負担することになっていた。事前のやり取りで、ナイジェリアは、陸路をバスでやってくることがわかった。しかし、バスとはいえ、ベナン、トーゴと二カ国をまたいでやってくるからには、それなりの費用もかかる。さらに、心配なのは、二カ国をまたぐということは、三カ所の国境を越えるということである。「ナイジェリア人＝ワイルド（荒々しい）」のイメージがあるアフリカで、そのナイジェリア人が十数人もまとまって、しかもアフリカではほとんど知られていないマイナースポーツ野球のための移動である。ただでさえ厳しい各国の国境の役人が、スムーズに彼らを通すとはとても思えない。

するとナイジェリア側から、ナイジェリア野球連盟の幹部、会長と、連盟の担当者が、選手に先立ち、ガーナ入りしたいという連絡が入った。選手たちは、第一試合が行われる二十八日金曜日の前日の二十七日木曜日に到着する予定になっている。

「夕方五時にゴールデンチューリップホテルで待ち合わせをすることになりました」

窓口役の社領が言う。ゴールデンチューリップホテルとは、アクラで最も大きい一流ホテルである。市内まで来たら、人に聞けば必ず教えてくれるわかりやすい場所を待ち合わせ場所にしたのである。彼らのホテルは別にすでに確保してあるが、その場所までは、我々が案内しなければならない。というわけで、夕方五時から社領がゴールデンチューリップで待つことになった。私も、会社の業務を終え、六時過ぎに合流した。

「本当に来ますかね？」

時間にルーズなアフリカ人。五時に来るとは思っていなかったが、どんなに遅れても、無事に到着して欲しい。

「う〜ん、こればっかりは、もう信じて待つしかないですね」

社領も、来ることを祈るしかない、とばかりに言葉少なである。そんな我々の祈りもむなしく時間が過ぎる。結局夜十二時まで待って、彼らは現れなかった。まさか、ナイジェリアチーム自体が来れなくなったのでは？

試合を二日後に控え、準備は万端の状態だった。不安を胸に、我々はそれぞれ家路についた。

翌日、午前十時くらいか。社領から勤務中の私に連絡が入った。

「会長と担当者から連絡が入りました。昨夜アクラに着いたみたいです。」

「え？　あのあと？」

「午前一時くらいに到着したらしいですよ。」

「ホテルは？」

「なんか適当に見つけて泊まったみたいです」

なんとたくましい。無事ではなかったにしても、着いてよかった。幹部が来たのだから、どうやら、ナイジェリアの選手たちも本当に来るらしい。

その日の午後、会社が半ドン（業務時間は半日で午後は休み）の私は、キャプテン・ケイケイを連れて彼らに会いに行った。ナイジェリア野球連盟のウイリアムス会長と、事務局長・ボラリンワ。ウイリアムス会長は、同時にアフリカ野球連盟会長でもある。彼は、開口一番、我々に感謝を述べた。

「今回の親善試合の開催にあたり、日本人のお二人の努力に感謝をします。アフリカの野球を活発にするためにも、このような親善試合は重要です。ガーナとナイジェリアの野球の発展のために大きな一歩となるでしょう」

民族衣装に身を包んだ長身のウイリアムス会長は、元ナイジェリア陸軍大佐（ナイジェリア陸軍ナンバー3）であるが、ひげ面に柔和な笑顔は、とてもそんな過去を感じさせない。ぼろぼろのビジネスバッグを持つ彼の身なりは、あまり大物のような感じを与えないが、その立ち振る舞いは紳士然として堂々としている。

事務局長のボラリンワは、三十代前半にみえる中肉中背。ゆっくりしたテンポでしゃべる彼は、英語のほかにフランス語をしゃべる。彼は、ウイリアムス会長を支え、アフリカ野球連盟の仕事も行うため、フランス語圏への出張も多いので、まさに適任である。彼がプレーヤーとして野球をやった経験があるのかどうかわからないが、常に野球に関する本を持ち歩く、野球大好き人間なのである。

この二人の尽力があったからこそ、今回の試合は実現しようとしている。

「ようこそいらっしゃいました。ガーナは野球が始まったばかりです。今回は胸を借りさせてもらいます」

私は、歓迎の辞を述べ、ナイジェリアの野球事情をいろいろと聞いてみた。

ボラリンワ事務局長によれば、ナイジェリアには、野球のリーグがあり、週二回もしくは三回試合を行っているらしい。チーム数は十三もあり、すでに十年近い歴史がある。これを野球連盟がバックアップし、リーグ戦を実施運営しているらしい。さすが、アフリカ二位の国である。歴史も実績も、ガーナとは雲泥の差である。今回やってくるナイジェリア代表チームは、まさにこのリーグ戦のなかから選ばれた選手たち。ガーナとしては、なんとか食い下がって、野球らしい試合にしたいものだ。

選手が来ない！

さて、ナイジェリアの選手たちは、その日早朝にナイジェリアのラゴスを陸路出発したらしい。ラゴスとアクラの距離は四百三十キロ。ガーナと隣国トーゴの国境は、夕方五時に閉まるので、それまでにガーナ国境に到着しなければならない。夕方の五時からまた待ち合わせ場所のゴールデンチューリップに行った。

「来ますかね？」

「うーん、また夜中になるかもしれないですね。」

案の定、夜八時になっても、九時になっても、彼らは現れない。国境からアクラまでは、普通に走れば車で三時間かからない。五時に国境が閉まるということは、八時までにはアクラに到着するはずである。明日はいよいよ第一戦である。大丈夫だろうか？

不安がよぎりつつ、この日は夜十時くらいにホテルを後にした。

ガーナ野球史上初の国際親善試合第一戦当日。ガーナの選手は、朝八時にグラウンドに集合し、まずは、グラウンド整備である。

選手たちは、初めて袖を通すナショナルチームのユニフォームに何よりも嬉しそうだ。このユニフォームは、私が一時帰国した際、スポーツユニフォームの製作会社、株式会社デサントに無償で作ってもらったものである。上が赤に白抜きで「GHANA」（ガーナ）と入り、下のパンツは白で、縦線に国旗で使われる赤、黄、緑の三色が走る。左肩には、もちろんガーナの国旗が入る。

ムードメーカーのポール内野手は、ユニフォームを着るや否や、奇声を発して走り回っている。その後に身長百六十センチくらいの小柄で明るいリッチモンド内野手が歌いながら続く。子供のようなその姿に、私は思わず初めて野球のユニフォームを買ってもらった小学生のころの自分を思い出した。ほかの選手も顔が上気しているのがわかる。国際試合の実感が湧いているのかいないのか、とにかく嬉しそうだ。

さて、予定だと、九時からガーナチーム、十時からナイジェリアチームが練習をすることになっていたが、十時になっても、依然ナイジェリアチームは来ない。我々は彼らがいつ、アクラのどこにきてもいいような体制を整えた。グラウンドには私が残り、練習を指揮する。ゴールデンチューリップホテルには、社領が待つ。そのほか、町のポイントに何人かの控え選手を配置した。私と社領は携帯電話で連絡を取り合う。

「社領さん、まだ来てませんか？」

「まだです。そっちはどうですか？」

「選手もほぼ全員集まりました。今、バッティング練習に入ったところです」

「もう着いてもいいころですよねえ。どうしたんだろう？」

予定では、一時開会式、一時二十分試合開始。選手たちが昼食を取り終え、グラウンドに帰ってきた十二時過ぎになってもナイジェリアは来ない。選手たちはまだ現れない相手に、不安げな表情を見せ始めた。

さすがに私も焦り始めた。なにしろ、開会式には、大物を招聘《しょうへい》している。まず開会挨拶に、スポーツ省大臣とナショナルスポーツカウンシルのブロック会長。そして、始球式に、在ガーナ日本大使である。

一時少し前、日本大使が到着してしまった。スポーツ大臣は、結果的に来なかったものの、ブロック会長らスポーツカウンシルの面々も到着した。選手たち総出でその日の朝設営した特設テントにVIP席を設け、座っていただく。

しかし、ナイジェリア選手団のほかにまだ来ていない面々がいた。ブラスバンド部隊である。今回の試合の準備がほぼ整った一週間前、野球連盟にその報告をし、スポーツカウンシルの幹部に開会式への出席を依頼したとき、普段何もしない野球連盟の事務局長が急に張り切り、ナイジェリア選手のためのバスの手配やマイクシステムの借り上げなどを仕切り始めた。そして、両国の国歌吹奏のため、ブラスバンドまで手配したのである。ちなみにいずれも有料であり、彼を通じて対価を支払っている。その、手配したはずのブラスバンドが、開会式が始まるはずだった予定時刻の一時になっても現れないのである。ゴールデンチューリップホテルに控え選手を残し、すでにグラウンドに来ていた社領がいう。

「いやあ、まいりましたね。どうしましょうか？」

「うん、どこかで、中止の判断を下さなくちゃいけないね。まいったな」

観客席には、すでに多くのガーナ人や在留邦人が、試合観戦のため観客席を占め始めていた。ここで中止とは、まったく面目丸つぶれである。

試合開始時刻の一時半を回ってこなかったら、今日の試合は中止にしよう。

そう決め、まもなく一時半というころ。グラウンドの右中間にある大きな木の下に、二台のボロボロのワゴンタクシーが入ってきて、止まった。見ていると、その二台の車から、わらわらと人が出てくる。もしやナイジェリアチームか？　てっきりバスで来ると思っていた私は、急いで彼らのもとに駆け寄った。

「あなた方は、ナイジェリアのチームですか？」

「そうです。遅れて申し訳ない」

近くで見ると、そのワゴンタクシーのおんぼろぶりには目を見張った。その中に十五人もの大男たちが、野球道具とともに入っていたなんて、信じられない。さぞ、窮屈だっただろう。

「食事を用意していたんだけど、もう時間がない。すでに試合開始時間が過ぎています。申し訳ないが、できればすぐに試合を始めたいのですが」

そういう私にナイジェリアチームの監督らしき人が言う。

「すぐに準備運動をします。準備でき次第、試合をやりましょう」

聞けば、彼らは、ナイジェリアから合計三十六時間かけてきたらしい。途中何度も止められ、ガーナの国境には、当日たどりつけず、隣国トーゴで一泊せざるを得なかったこと。ガーナの国境を越えるのに長時間を要し、さらに入国後、乗っていたタクシーが故障したり、道に迷ったり。そうしてなんとかぎりぎりにたどりついたということらしい。

野球の試合のために、苦難を乗り越え、挫《くじ》けることなく、やっとたどりついたナイジェリアチーム。疲労の色は隠せないが、試合をやる気は十分のようである。

とりあえず、役者はそろった。さあ、開会式の準備だ。

見ればいつの間にか、ブラスバンド部隊も到着していた。ナイジェリアチームが簡単な準備運動を終え、午後二時、開会式である。

ナイジェリアは、白地にナイジェリアカラーのグリーンで胸にナイジェリアの文字が流れるユニフォーム。とりあえずユニフォームだけは、試合前からガーナが圧勝、である。

初の国際試合を前に念入りにミーティング

スポーツカウンシルのブロック会長と、アフリカ野球連盟のウイリアムス会長の挨拶、両国の国歌演奏、日本大使の始球式とセレモニーは続き、写真撮影を終えて、いよいよ試合開始である。

主審は、ナイジェリアからきた西アフリカ唯一の公式審判員が務める。累審は、在留邦人の若い方々にお願いした。そして、マイクを使って、ナイジェリア野球連盟のボラリンワ事務局長が、なんと試合の実況中継をやることになった。野球を知らないガーナ人に、わかりやすいように説明するという。

さあ、ガーナ史上初の、いや、西アフリカ初、野球国際親善試合、プレーボールである。

思わぬ大善戦

一回表、ナイジェリアの攻撃。ガーナのピッチャーは、エースのジミーである。

初戦に誰を先発させるか。実は、これは社領とかなり議論を交わした。相手は、間違いなく初戦にエースを持ってくるので、一試合でも勝つために、あえて、大黒柱のジミーを第二戦にもってくるか。土曜日でもある第二戦の方が、観客も多いことが予想されるので、第二戦必勝戦法のほうが広報効果もあるのではないか。しかし、結局小細工せずに初戦から全力であたることを決めた結果のジミー先発である。

頑張れ、頼むぞ、ジミー！

選ばれた九人の選手たちは、初めての国際試合という異様な昂揚感からか、普段見せない顔つきで緊張した様子である。

大きく振りかぶって、ジミーが第一球を投じた。左打席に入ったナイジェリアトップバッターの低めにストレートが決まって、ストライク！　盛り上がる、ガーナのベンチと観客席。初めて野球の試合を観戦するガーナ人も多かったと思うが、客席の反応は、それなりに野球の試合らしかった。野球に関心のあるガーナ人が来ていたことに加え、在留邦人の応援の仕方も、初めて野球をみるガーナ人には参考になったかもしれない。

二球目、ファール。なんと、ツーナッシング。一気に追い込んだ。さらに盛り上がるガーナベンチ。そして、第三球、ナイジェリアのトップバッターが打った。その打球は大きな弧を描いてセンターへ。頼む、捕ってくれ！　センターは、肩は弱いが、足が速く、打球の落下点に入るのがうまいキャプテン・ケイケイ。私の心配をよそに、少し右後ろにバックして、この打球をがっちりつかんだ。

ワンアウト！

おお、さい先がいい！　ベンチと観客席は早くもすごい盛り上がりである。ナイジェリア二人目のバッターが打席に入る。ワンストライクのあと、二球目を引っ張った打球はサードへ。キューバ帰りのラッソーが、これをがっちりつかむ。送球は、ムードメーカー、ファーストのポールへ。

ツーアウト！

二者連続凡退なんて、練習試合でもそうはないことである。ナイジェリアの三番バッターが打席に入る。ジミー、油断しないで、練習どおりとにかく低めをつけ！　私の思いと裏腹に高めにボールが行く。しかし、二球連続ファールで、あっけなくツーナッシングと追い込む。

ジミーのストレートは相変わらずそんなに速いわけではないが、大きな投球フォームからくり出すくせ球に、ナイジェリア打線が合わないようだ。三球目も高めに入る。素直に打ち返された打球はライト右寄りの打球。

これをライトががっちりつかんで、スリーアウト！

なんと、三者凡退である。

もう、上を下への大騒ぎのガーナベンチ。立ち上がって叫ぶ者、天に両手を突き上げる者、踊り回る者。一回の表が終わっただけなのに、もうすでに勝ったかような雰囲気である。我がチームながら、想像もしなかった完璧な立ち上がりだ。ナイジェリアチーム、やはり三十六時間をかけた移動の疲労がたまっているのか。これは、チャンスだ。ナイジェリアのバッターの振りを見ると、思い切って振ってくるが、どのバッターもクセがなく、スイングがブレない。勝つなら、ナイジェリア選手が疲れて集中しきれていない今日しかない。

一回裏のガーナの攻撃。私は、三塁コーチャーズボックスに立ち、指揮をとる。ナイジェリアのピッチャーは、ずいぶん若そうだ。投球練習が始まる。コンパクトなバックスイングから上手でくり出すストレートが、速い！　キャッチャーのミットを、ズバン！　と大きく鳴らす。軽く百三十キロは出ていそうだ。ガーナの選手にとって、初めて見るスピードボールである。

トップバッターは、足が速い小柄なぺぺ選手。バットを短く持って、とにかく出塁しろ！　ぺぺは、期待に応えて一、二塁間にゴロを転がし、ファーストがはじいて、エラーで出塁。さあ、練習した、ブロックサインである。試合前にも、サインプレーの確認を入念にしただけあって、盗塁のサインに応え、すばやく二盗に成功。続く二番バッターのジョシュアは三振でワンアウト二塁。次の三番は、セカンドで最も器用なバッターのノア。右打ちに徹しようとした彼は、セカンドゴロでランナーを三塁に進める。ツーアウト三塁。エラーでも一点。先制のチャンスである。

しかし、ここで、ナイジェリアのピッチャーは、ストレート主体のピッチングを変えてくる。四番ジミーに対し、初球ストレートでストライクをとったあと、この試合初めてスライダーを連投。キレのいいボールにジミーは手が出ず、見逃し三振。

このピッチャーから得点するのは、ガーナの打線では、かなり難しそうだ。

この初回の攻防は、そのまま三回までまさにがっぷり四つといった感じで続く。ガーナチームは、

クロスプレー

ジミーの好投に守備陣が好守で答える。しかし、打線がナイジェリアの速球についていけず、三回までに八つの三振を奪われる。

四回に、ついにエラーがらみでナイジェリアに先制点を許すが、その裏、ガーナも負けじと、この日一人あたっていたライトのデクー選手のタイムリーヒットが出る。ガーナ史上初めての国際試合での得点である。

しかし、五回以降、ナイジェリア打線は小刻みに得点を重ねていった。

五点差でついに九回の攻防。すでにピッチャーは、ジミーから二番手フィーフィーに変わっていたが、連打を浴び、決定的な三点を献上する。十対二で迎えた最終回裏、ガーナの攻撃。一点を返すも、最後のバッターがセカンドフライを打ち上げた。

ゲームセット。

三対十でガーナ初の国際試合は敗戦で終わった。

しかし、予想以上の戦いぶりだった。疲労があったとはいえ、野球については、歴史も実績も体制も格違いのナイジェリア相手である。全力で戦えば、たとえナイジェリア相手でも、勝機はある。私は確かな手ごたえを感じていた。

だが、問題は第二戦。投げるピッチャーがいない。エース・ジミーに続くピッチャーがいないのである。

最初のころ、チームのトレーニングコーチだったエドモンドは、肩がそこそこ強い上にまだ二十七歳と若いので、彼をピッチャーとして練習させていた。その彼を第二戦の先発に抜擢。その後を、ジョアキム、リッチモンド、フィーフィーとつなぐ継投は、打たれに打たれ、第二戦は五対十八。一晩明けて疲れがとれたナイジェリアに完敗だった。

かくして、ナイジェリアとの試合は、二戦二敗で終わった。

しかし、初の国際試合をやり遂げた選手たちは、試合後は敗戦のショックなどかけらも見せず、負けたはずなのに、踊り回って喜んでいる。用意しておいた大きなガーナの国旗をジミーが掲げ、それを取り囲むように選手たちがわいわい騒ぐ。それにいつしかナイジェリアの選手たちも加わり、記念撮影をしたり、話し込んだり。まさに親善試合である。

また、この試合は、二試合あわせてのべ六百人の観客を集めることができただけでなく、試合結果が新聞やラジオで取り上げられたほか、テレビでもスポーツニュースで放送された。

ガーナに野球あり。

ガーナの国民に広く野球の存在をアピールすることができたのである。

さらに、この国際試合を実施したことで、我がガーナ・ナショナルチームは、経験という大きな財産を得た。

そしてもうひとつ得た大きなものがあった。

第二戦のあと、あるレストランを借り切り、ガーナとナイジェイリアの選手の懇親会を行った。両国とも英語が公用語なので、コミュニケーションは問題ない。私が司会をし、アフリカ野球連盟会長を兼務するウイリアムス・ナイジェリア野球連盟会長が挨拶をし、あとは、食事をしながらの語り合いである。

最初照れている様子があった両チームの選手たちだが、そこは同じ野球をする者同士、ユニフォームを脱いだ彼らは次第に打ち解け合い、話が盛り上がっていく。私や社領も、ナイジェリアチームの監督やコーチを始め、選手たちの中に入って話をする。自然と話は、アフリカでマイナースポーツである野球をいかに大きくしていくか、という議論になる。

産油国であるがために、貧富の差が大きく、部族間抗争もあいまって治安は悪く、犯罪大国といわれるナイジェリア。ナイジェリア人は、それが故に、不幸にも荒々しく野蛮なイメージがまとわりつく。しかし、私が初めて接した彼らナイジェリア人は、優しく、明るく、ガーナの選手たちと変わらぬ温かさがあった。

懇親会が終わって、ナイジェリアチームの一行をホテルまで送り届けたあと、私はケイケイに話しかける。

「ケイケイ、ナイジェリア人はワイルドだ、なんて言われてたけど、全然そんなことないじゃないか。こんなにうち解けることができるとは予想できなかったなあ」

「はい。うちのチームのメンバーは、最初は恐れてましたけど、同じアフリカ人ですから、もうすっかりフレンド（親しい友人）です。彼らの英語はちょっとなまって変でしたけどね」

俺たちの英語の方がスタンダードだといわんばかりのケイケイだが、その目は楽しそうに笑っていた。

野球を通じて、私は、そして、我がガーナ・ナショナルチームのメンバーは、ナイジェリアに友人を得たのである。

第三章　衝突

燃え尽き症候群

大善戦だった初の国際試合、対ナイジェリア戦。その試合後、新たな問題が生じた。

ガーナ・ナショナルチームは、ナイジェリア戦に照準をあわせ、厳しい練習を重ねてきた。そして、全力をかけて戦った。結果は負けたのだから、次に勝てるように、もっと頑張らなければならない。

しかし、練習に身が入らない。チームが、かつて私がコーチとなった初期のころのような、集中力を欠いた、だらけた練習の雰囲気に戻ってしまったのである。選手たちの「燃え尽き症候群」とでも言おうか。

実は、ナイジェリア戦の試合後に開いた反省会で、選手たちから、これからも引き続き、土、日両方練習したいと申し出があった。これまで、日曜日は、教会に行かなければならないクリスチャンの選手が多いので、土曜日のみの練習としてきた経緯があったが、来年のオリンピック予選に向けて時間がないので、土、日にやりたいというのである。

あのやる気はいったいどこにいったのか。九月に入って、まともに人数が集まらない日もあった。

これでは、いけない。

ナイジェリア戦から一ヶ月たったある土曜日。この日、いつもどおり二時から始まった練習は、開始後一時間くらいたったころ、突然大雨が降り始め、みるみるうちにグラウンドが水浸しになった。

練習は中止とせざるを得ない。

そこで、グラウンドは高校の敷地内にあるので、学校のあいている教室を使って、ミーティングをすることにした。

実は、もともとこの日は、練習を少し早めに終え、ミーティングをじっくりやる予定だった。キャプテン・ケイケイが私に申し入れをしてきていたのである。選手たちと一度じっくり話し合いをして欲しい。このままでは目標を失い、練習も士気が下がってしまう。ナイジェリア戦後、チームがだらけてしまったことを憂えているのは、私と社領だけではなかった。

学校の一階いちばん端の教室に、選手たち二十数人が入って、着席した。黒板の前に私と社領が立つ。授業のような風景である。私がまず切り出した。

「今日は、じっくりとみんなの意見を聞きたい。そして、今後どうすべきかを話し合いたい。理由は、もちろん、ナイジェリア戦のあと、だらけてしまっている状態の改善のためだ」

私は、まずナイジェリア戦後、練習を欠席する人数が増えた理由を訊いた。

「一番の問題は、交通費です」

何人かの選手が口をそろえた。最も大きな理由が、交通費がかかるため、練習に参加したくてもできないからだと言う。これまではやはりナイジェリア戦に出たかったから、無理して金を集め練習に参加していた。そのナイジェリア戦が終わったので、もう無理はできないのだ、と。

確かに、交通費はバカにならない。グラウンドは、アクラの中心より北東寄りの住宅地区の中にある。しかし、選手たちの住んでいるところは、さまざま。ケイケイのようにグラウンドに歩いて来られるものは小数で、大半の選手は、乗り合いバスや相乗りタクシーを乗り継いでくる。その距離もさまざまだが、二十キロ、三十キロ離れた町から来る選手が多い。なかには百五十キロ離れたところからくる選手もいる。これまでは、それでも週一回の練習だったが、それがこの月から週二回の練習となった。単純に倍の交通費がかかる。これでは、毎回練習に参加できないというのである。

「怪我をしても手当てが出ないので、練習ができない」

なんていう意見も出た。ナイジェリア戦で、足を怪我をした選手がいた。彼は会社勤めをしているのだが、ケガのせいで仕事にはいけず、給料はカットされ、大変な状態にある。そんなふうになりたくない、ということか。

「モチベーションがない」

これは、正直な意見だ。ナイジェリアとの初めての国際試合があったからこそ、無理をして練習に参加し、頑張った。それが終わった今、当面の目標がない。やる気が起きない。

では、どうしたらいいのだ。そう選手たちに問うと、いろんな意見、要望が出てきた。

「仕事を探して欲しい」

このころ、ナショナルチームのメンバーは、無職の選手が増えていた。仕事があって、お金が稼げれば、練習にも参加できる。なるほど。そうしてやりたいのは、やまやまだが。

すると意表をつくとんでもない要望も出た。

「バスを買って欲しい」

ちょっと待て、バスなんて簡単に買えるかよ！　メンテナンスや維持費、ガソリン代、それに保管場所はどうするんだ。

「バスを買えば、土、日は選手の送迎をし、平日は、選手たちで営業をやって稼げます」

そう言われると、それもなかなかいい意見だ。自分たちで働いて稼ごうという精神は、評価したい。でも、集めた募金は、オリンピック予選の旅費に使うことを考えている。バスなんて買ったら、その金が無くなってしまう。

どうも、私が日本で募金活動してきたため、いくらでも金があると思ってしまっているのかもしれない。

ひと通り、意見が出たところで、私は選手たちに、今後のチームの予定を説明することにした。

「オリンピックに向けて、今後のスケジュールをみんなに説明したい」

モチベーションがない、という選手たちに、やる気になるような話をしなければ。

私は、教室の黒板に横線を書き、目盛りを作って、いくつか日付を書いた。

「十月十七日に西アフリカ野球連盟会議があるが、ここで、西アフリカ予選の日程が決定する」

シーンと静まり返って、私と黒板を見つめる選手たち。

アフリカ野球連盟の事務局を兼ねるナイジェリア野球連盟のボラリンワ事務局長からこの連絡は入った。オリンピックアフリカ予選は、一年後の九月に南アフリカ共和国のヨハネスブルグで行われることが決定しているが、この予選は、八カ国の参加で実施することになっているらしい。主催国で自動的に出場権のある南アフリカ共和国を除く七カ国を決めるため、アフリカを七つのゾーンにわけて、それぞれの地区の代表を決める地区代表選出予選を行う。

「というわけで、中央アフリカで唯一野球をやっているカメルーンを入れた西アフリカ野球連盟会議を、十月中旬隣国コートジボアールのアビジャンで開くことになった。ここで、その地区代表選出予選の日程を決定することになっているが、アフリカ野球連盟の話では、二月か三月にしたい意向らしいんだ」

選手たちが、ちょっとざわつく。すかさずキャプテンのケイケイが静かにするよう、みんなを制する。

「したがって、二月に予選があるとすれば」

私は声のトーンを少しあげて続けた。

「あと三十二回しか練習ができないんだ」

残り四ヶ月、十六週間。一週間に二回の練習でカウントしたら、そうなる。

「そして、大事なことは」

さらに声を大きくして私は言った。

「ナイジェリアが、同じ西アフリカゾーンであるということだ」

静まり返る選手たち。私はさらにダメをおす。

「すなわち、強豪ナイジェリアを倒さない限り、南アフリカのオリンピック予選には出場すらできないということだ」

私の丁寧すぎる説明に、皆顔を私に向けたまま、誰一人口を開かなくなっていた。無理もない。一ヶ月前に完敗した相手である。彼らの脳裏に浮かぶのは、我々から二十もの三振を奪ったナイジェリアのピッチャーたちか、ガーナ投手陣を粉砕した、ナイジェリアの穴のないマシンガン打線か。

「だから、今、我々にはモチベーションがないとか、練習に行けないとか言ってる場合じゃないんだよ。あと四ヶ月でナイジェリアを倒すくらいに強くならなければ、目標にしてきたオリンピックの、その予選にも出場できないまま、俺たちの夢は終わってしまうんだ」

さあ、君たちは、どうしたらいいと思うんだ。私は彼らに問いかけた。

「もっと規律をただすべきだ」と、あるシニアプレーヤー。

「平日も練習するべきだ。仕事のないやつもいるんだし」と、ある無職の選手。

「効率よく練習をするために、シニアレベルと初心者レベルにチームを分けて練習するべきだ」と、あるレギュラーの選手たち。

「予選まで交通費を支給してほしい。今は練習することが大事だ」と、遠くから通ってくる選手。

わいわいがやがや、収拾がつかなくなり始めたのを私が制した。

「みんなの意見は聞いたので、これを元に、監督として、チームの方針の最終決定をする。これには、全員納得して従ってほしい」

ここは、最終意志決定者である監督として、私がチームの方針を決めなければならない。

甘えるな

私は、毅然《きぜん》として今後の方針を述べ始めた。

その一、練習について。平日は個人練習を行う。ひとりひとりに個人練習メニューを、私と社領が作成するので、それを元に自主的に行う。選手は毎週自主トレーニングのレポートを提出する。土、日の練習は一、二、三軍制度を導入する。一軍＝トップチーム、二軍＝セカンドチーム　三軍＝初心者チームと分け、練習は基本的にトップチーム中心、二軍、三軍はそれをサポートする。

実力主義として、入れ替えは頻繁に行う。

その二、規律について。遅刻、欠席する選手は、事前に連絡をする。遅刻者には、かつて導入し、いつの間にか立ち消えになっていた罰則ランニングを復活させる。

その三、交通費について。金がないので、バスは買わない。交通費は自分でなんとかする。仕事は自分で見つけること。監督・コーチが積極的に探してあげるようなことはしない。

私が、決定事項を、黒板に書きながら言っていく。

「以上。なにか、質問、コメントは？」

という私に、ひとりの選手が手をあげた。

「交通費については、これから年末にかけてまた値上がりが予想されるし、やっぱりなんとかしてほしい」

実はこのリクエストに答えるのは簡単だ。彼らにとって負担になる交通費も、円換算すれば実はそんなにたいしたことはない。二、三十キロ離れたところから通う選手は、バスの往復で百三十円くらいの出費なのである。

しかし、我がガーナ・ナショナル野球チームはアマチュア野球である。しかもまだまだ草野球の域を出ないレベルのチームだ。そもそもガーナで野球を本格的にやっているのは、彼らしかいない。そんなマイナースポーツの選手に対して、交通費を出してまで練習をさせるのか。それでなくても、これまで私や社領が日本から道具やユニフォームを調達し、彼らは恩恵に浴している。

私には、どうしても納得ができなかった。

これ以上、至れり尽くせりとする必要があるのか。いつの間にか、彼ら選手たちのなかで、野球に関しては、我々日本人に頼めばなんでもやってくれる、という依存心が大きくなってきていたことも否定できない。

しかし、野球は、ガーナでは新しいこれからのスポーツである。これを発展、普及させていくには、彼らナショナルチームの選手たちの努力なくしてはかなわない。その彼らが、自分たちの練習のために交通費さえ捻出《ねんしゅつ》できなかったら、普及活動なんてできるわけがないではないか。自助努力なくして、自立発展はあり得ない。野球がやりたければ、自力で頑張って、仕事をして、稼いで、そしてグラウンドに来い。我々、監督とコーチは、グラウンドの上で、君たち選手の努力が報われるよう精一杯の手助けをしよう。

やはり、このポリシーは譲れない。

私は言った。

「交通費については、いっさい手助けをしない。自力で頑張るんだ。このことは、これ以上議論の余地なしだ」

再び静まり返る選手たち。

「よし、以上。個人練習メニューは、来週の練習のときに各人に渡す。時間どおりに練習を開始する」

私の、この断固とした態度は、選手たちに反論する余地を与えなかった。こういう問題は、うやむやにして、彼らに期待をさせてはいけないし、私自身、ずるずるいつまでも同じことを議論したくない。

甘えるな、自助努力で、頑張ってくれ、というメッセージだった。

しかし、この私の決断、断固たる態度が、後に思いもよらぬ方向に事態を展開させていくことになる。

そのきっかけは、ガーナ・ナショナル野球チームの方向性に大きな影響を与えることになる男の出現だった。

アンビリバボー！　ヨシヒコ参上

「うひゃー。これは恐いわ」

高橋慶彦氏とツーショット

　平成十年十月下旬の土曜日。三十分後に練習が始まるが、選手はまだ誰もグラウンドに来ていない。早めにグラウンドに着き、石がごろごろあるグラウンドを見て奇声をあげたのは、かつてのプロ野球界のスーパースター、元広島カープの高橋慶彦である。

「奇跡体験！　アンビリバボー」（以下アンビリバボー）。平均視聴率十五％を誇る、フジテレビの看板バラエティ番組である。文字どおり、奇跡的な体験、ときに恐怖的な、ときに感動的な話を、映像や写真で紹介するもので、ビートたけしがストーリーテラーとなって構成されている。司会は根強い人気の所ジョージ。

　朝日新聞に掲載された記事がきっかけで、我がガーナ・ナショナルチームは、この番組の連続コーナー企画で応援してもらうことになった。タイトルは「奇跡への挑戦！　ガーナ・ナショナル野球チーム」。私はガーナにいたため、実際に番組を見ることはほとんどできなかったが、人気番組だけに、我がチームの日本における知名度は、飛躍的に高くなったようだ。

　その「応援」のメインは、高橋慶彦（以下慶彦）の派遣だった。

　第二章で述べたとおり、ガーナ・ナショナル野球チームは、自らはスキがなく、相手のスキを突く、頭脳的な試合運びで黄金時代を築いたかつての「広島野球」をモデルにしていた。そのときの中心選手のひとりが慶彦であった。

なんたる偶然か。

そして、もうひとつ言えば、未だに破られていない三十三試合連続安打のプロ野球記録を彼が現役時代に打ち立てたころ、中学校の野球部で慶彦と同じポジションであるショートを守っていた私は、彼の大ファンだったのである。かつて憧れていたスーパースターが、ガーナに来る！　これが心踊らずにいられようか。

しかし、プロ野球界の暴れん坊と言われた慶彦の出現は、嵐を呼ぶことになった。

ガーナ・ナショナルチームのホームグラウンドに立った慶彦の出で立ちは、頭にナイキの黒いキャップ、顔にはミラー式の真っ黒なスポーツタイプのサングラス。黒いタンクトップと短パンを身につけた体型は、現役時代のころと比べたら、腹が出ているが、筋肉のかたまりのような太い腕、がっちりした脚が往年をしのばせる。そのかっこでグローブをもった日にゃあ、本当にかっこいい。さすが、雰囲気が違う。

その慶彦が私にキャッチボールをやろうという。私は、感激と緊張を感じながら、軽いキャッチボールの相手をさせてもらった。ほとんど、気分はミーハーな一ファンである。慶彦が選手として売り出した若いころ、往年の大投手、江夏豊がリリーフエースだった。江夏がセカンドにけん制球を投げ、それを捕って軽く返球する当時の慶彦の姿を思い出し、ひとりでまた感激していると、今度はノックをやろうと言う。

「いやあ、緊張するなあ」

ノッカーを頼まれた、本来ノックのうまい社領も、緊張してか、最初はゴロがまともに打てない。私も社領も、平常心を失っていたようだ。

ホームからようやくまともなノックを社領が打つと、それを慶彦と私は、ファーストの守備位置で交互に受けた。

「こんなグラウンドで、よくやってるなあ」

軽いノックの打球をこわごわ捕る慶彦が私に言う。

「以前は、もっとひどいグラウンドだったんです。ここも、選手全員で石拾いをし、トンボをかけたりしたんですけど、あとからあとから石がきりなく出てきてしまうんですよ」

「ここで、ノックとかもやるの?」

「はい。やってます」

「友成さん、ここで、ノック受けたことある?」

「え?　ありませんが」

「選手の身になって考えなきゃあかんよ。こんなところでノック受けてもうまくならんよ」

笑顔を見せつつ少し口調が厳しくなる慶彦。早速、耳の痛い話である。

「友成さん、結構うまいじゃない。ボールのバウンドにいい入り方しとるよ」

日ごろノックを打つ側ばかりの私は、慶彦より九歳若いが、すでにばてばてだった。しかし、憧れのスーパースターに褒められると、めちゃくちゃ嬉しい。

「だけど、捕ってから投げるまで、なんでそんなに焦ると?」

私は、内野手の基本は捕ってからいかに早くボールを投げるかが大事だと思っているので、グローブに入ったボールをすばやく右手に持ち替えていただけなのだが。

「捕ったあとに、いったん重心を落として、投げる基本的な形をつくらにゃあ。友成さんは、その形ができる前に投げとるよ。それじゃあ、ひじや肩に負担がかかるやろ」

確かにそうだった。昔から、取ってすぐ投げることを重視するあまり、ひじや肩に無理な力がかかり、よく故障していたのである。遊びながら、ポイントを的確にとらえたコメントに、私は熱くなった。

これは、本当に勉強になりそうだ。

私は、慶彦コーチの教えを書き留めるために用意しておいた、小さいメモ帳をとりだし、早速書き込んだ。

そうこうしているうちに、選手たちが集まってきた。さっそく選手たちと声をかわす慶彦。英語は片言なのだが、実にうまく打ち解ける。聞けば、かつて韓国でも野球を教えた経験があるらしく、そのときにボディランゲージでコミュニケーションをとるコツを修得したらしい。根っからの明るい慶彦の性格は、ガーナ人にも受け入れられやすいのだろう。

「元プロ野球選手の高橋慶彦さんを紹介する。彼は、日本のプロ野球リーグで数々の輝かしい記録を残したスーパースターで……」

昼の二時を過ぎたので、私は、練習前に選手を全員集合させて、慶彦を紹介した。私がこのチームと出会った最初のころ、選手たちに自分自身を自己紹介したときは、はったりをかませたものだが、今回は全く必要ない。しかし、残念ながら、どれだけ偉大な選手だったか、彼らガーナ人には、説明してもピンとこないだろう。私や社領のように、逆に緊張しなくていいのかもしれないが。

「野球は基本が大事。今日は君たちのプレーをじっくり見させてもらうよ」

慶彦の挨拶を私が訳し、慶彦コーチ第一日目の練習が始まった。

ヨシヒコとの衝突

外野の芝生での準備運動が終わり、レフトからショートの方向に最後の短距離ダッシュを始めたとき、慶彦が突然ストップをかけた。

「友成さん、ちょっと」

呼ばれていくと、慶彦が言う。

「ただ単にダッシュしても面白くないやろ。いろいろ工夫して楽しくやらんと。監督やコーチは飽きさせないような練習を考えなきゃ」

そう言うと、選手を五人ずつ何列かに並ばせ、慶彦はグローブを持って、彼らから十数メートル離れたところにいき、ピッチャーのセットアップポジションの形をとった。

「キャッチャーの方向に投げるマネをしたら、右にスタート。けん制球を投げたら左にスタート。集

郵便はがき

恐縮ですが切手を貼ってお出しください

160-0022

東京都新宿区
新宿1－10－1

(株) 文芸社

ご愛読者カード係行

書　名					
お買上書店名	都道府県　市区郡　書店				
ふりがな お名前			大正 昭和 平成　年生　歳		
ふりがな ご住所	□□□-□□□□			性別 男・女	
お電話番号	(書籍ご注文の際に必要です)	ご職業			
お買い求めの動機 1. 書店店頭で見て　2. 小社の目録を見て　3. 人にすすめられて 4. 新聞広告、雑誌記事、書評を見て(新聞、雑誌名　)					
上の質問に1.と答えられた方の直接的な動機 1. タイトル　2. 著者　3. 目次　4. カバーデザイン　5. 帯　6. その他(　)					
ご購読新聞　新聞	ご購読雑誌				

文芸社の本をお買い求めいただき誠にありがとうございます。
この愛読者カードは今後の小社出版の企画およびイベント等の資料として役立たせていただきます。

本書についてのご意見、ご感想をお聞かせください。 ① 内容について
② カバー、タイトルについて
今後、とりあげてほしいテーマを掲げてください。
最近読んでおもしろかった本と、その理由をお聞かせください。
ご自分の研究成果やお考えを出版してみたいというお気持ちはありますか。 ある　　ない　　内容・テーマ（　　　　　　　　）
「ある」場合、小社から出版のご案内を希望されますか。 する　　しない

ご協力ありがとうございました。

〈ブックサービスのご案内〉

小社書籍の直接販売を料金着払いの宅急便サービスにて承っております。ご購入希望がございましたら下の欄に書名と冊数をお書きの上ご返送ください。（送料1回210円）

ご注文書名	冊数	ご注文書名	冊数
	冊		冊
	冊		冊

中しろよ」

なるほど。盗塁と帰塁の練習にもなるし、ダッシュもできる。そして集中力も養える。実践的な練習でもある。

前日、ガーナに着いたばかりの慶彦に挨拶をするため、宿泊先のホテルのロビーに行ったとき、初対面にもかかわらず、すぐにもろもろの野球談義となった。そのとき、慶彦はこんなことを言っていた。

「監督、コーチは、大変だよ。繰り返し、繰り返し、選手ができるまで辛抱《しんぼう》しなくちゃいかん。でも、練習のやり方、技術、どれも、いろんなやり方がある。監督、コーチは、いっぱいいろんな引き出しをもたなきゃ」

そうか、準備運動ひとつとっても、いろんなやり方がある。いつも同じやり方ではなく、いろんな方法があっていい。

その後キャッチボールの基本、トスバッティングの方法など、基本をわかりやすく説明する慶彦。基本については、私や社領がそれまで教えてきたこととそう違いはない。しかし、基本を身につけるための練習方法は、バラエティに富んでいた。特に、それを楽しみながら行う方法は大変参考になった。

たとえばトスバッティング。第一章で述べたとおり、十メートル程度の距離で、軽く投げられた球を、投げ手に軽く打ち返す練習。これは、バットコントロールとミートポイントを確かめるためのバッティングの基本練習である。通常は二人一組で行う。慶彦は、三人を野手にし、ひとりがバッターで打ち返すスタイルをとらせた。そして打ち返された球を捕った者は、ほかのふたりのうちのひとりにアトランダムにすばやくトスする。すなわち、打ち返されたボールを捕った者は、ほかの人にボールを渡し、渡された者がボールをまたバッターに投げる。この利点は、守っている三人が常に緊張感をもって守らなければならないことにある。だらだらしがちな練習を引き締める有効な手段だ。

さて、キャッチボール、トスバッティングのあと、ネットに向かって軽く投げ上げられたボールを打つ、ティーバッティングをやったところで、初日の練習は大半を費やしてしまった。

このあと、バッティング練習とシートノックをやる予定だったが、残りの時間では、とてもできそうにないので、このあとは、バッティングだけを行うことにした。

ここで、私は、慶彦と正面衝突をしてしまうことになった。

これまで、私と社領は手作り練習用ネットを使い、バッティング練習を効率よく行うために、二人のバッターが二箇所で交互に打つ練習方法をとってきた（通称「二箇所バッティング」）。ひとりでも多くの選手が、決められた時間内に少しでも多くのボールを打てるようにするためである。

しかし、慶彦の提案で、今回バッティングはひとりだけが行うことにした。守っている選手たちが、打球に集中できるようにするためである。バッターが打たないときは、ノッカーがアトランダムに突然ノックを打つ。守っている選手は、バッターかノッカーが、交互にどこに打ってくるかわからないので、常に集中していなければならない。

したがって、この練習方法は、バッター中心に考える練習ではなく、守備面の練習を兼ねるだけに、バッターの練習の効率性は犠牲にしなければならない。どちらの練習方法が正しいということはないのだろうが、私は集中力の持続、あるいは欠如が一つの大きな課題である我がチームには、集中力を養う練習にもなる慶彦式も有効であろうと納得した。

慶彦は、その一箇所バッティングで、不思議なことを試そうとした。まず投手の立つ位置を近めにさせる。そのうえで、ホームベースから投手の方向に向けて、ボールを一メートルくらいの間隔で置いていく。そして、投手には、ふわーっとした遅いボールを投げさせる。

この日、慶彦は選手たちへの指導のなかで、ボールのミートポイントを前にしてさばくことを繰り返し強調していた。そのために、バッティングをする前に、バットでミートポイントを確認する作業をやらせる。それはまさに、慶彦の現役時代の仕種《しぐさ》であった。

この日のバッティング練習は、実際の打席の中でミートポイントを確かめるためなのか？

そこで、私は、その練習の意味を確認するために、バッティング練習用ネットの後ろにあるブロックに腰掛けている慶彦に訊いた。

「この練習はどんな意味があるんですか？」

すると、慶彦が豹変《ひょうへん》したように、突然怒り出した。

「なんじゃ？　今日初めて練習を見たばかりで、そんなすぐにまだ全体がわからんよ」

なぜ、慶彦が怒り口調になるのか、さっぱりわからなかったのだが、私はめげずに、さらに訊いた。

「それはもちろんそうだと思うんですが。僕は、バッティング練習を今後どういうふうに展開していくのか知りたいと思ったんです」

　すると、サングラスをかけている慶彦は、さらに激しい口調になる。

「だから、俺は今日きたばかりで何もわからんのや。やり方が気に食わんのか？」

　私は、慶彦から、とにかくいろいろ勉強したい、考え、やり方を吸収したい、との思いで訊いたのである。その反応が、なぜケンカ腰の乱暴な言い方になるのか。そんな反応をされたら、私も穏やかではいられない。

「やり方が気に食わないなんて言ってないですよ。今やっている練習方法の意味を聞いただけです」

　少々非難口調になってしまった私。あとはヒートアップするばかり。

「俺のやろうとしていることに意味がないようなことを言っとるじゃろうが！」

「違います」

「基本が大切なんよ。それができんうちに練習しても意味がないやろ」

「それはもちろんわかってます。うちのチームは、ナイジェリアの投手の速球を全く打てませんでした。速球をいかに打てるようになるかが課題なんです。スローボールを打つ練習をどこまで続けていけばいいのか。ナイジェリアを倒さない限り、オリンピック予選には出られないんです」

「何を焦ってるんじゃ。俺はプロで十八年やってきたんじゃ。その俺がお前になんでそんなことを言われにゃならんのや！」

　そのとき、はっと気づいた。最初に私が言った、「この練習にどんな意味があるのか」という言葉は、「こんな練習、意味がない」という逆の意味にもとれることを。

そういう言い方はしなかったつもりなのだが、誤解されてしまったのか、と思った私は、とりあえず謝った。

「僕の言い方が悪かったのかもしれません。僕が慶彦さんのやり方に文句を言うなんてとんでもないです。僕はあくまで、練習の方法のことを単純に質問したんです」

しかし、慶彦は、残念ながら、もう私の言葉に全く耳を貸そうとしない。

「俺には、そういうふうには聞こえん。態度悪いぞ！」

そこに、何ごとかとアンビリバボー取材班の人たちが割って入ってきた。しばらく不毛な言い合いが続いて終わった。


私は、非常に不愉快だった。十八年のプロ野球の第一線で実績を残したスーパースター。私の憧れだった慶彦。しかし、一年十ヶ月かけて、ほとんどゼロ状態からチームを運営してきたのは、私であり、社領である。さらに、私たちから慶彦にコーチをお願いしたわけではない。なのに、元プロがアマチュアから何か言われるだけで、簡単にキレてしまい、こっちの言い分を聞こうともしない。野球技術の上では、まさに雲泥の差があるのは言うまでもないが、アンビリバボーの依頼で派遣されてきてここに出会っているのであって、立場は、お互い同等のはずである。

ナショナルチームを応援するためにガーナに来た、というのであれば、私だってガーナチームの一員である。

野球人として尊敬していた慶彦は、人間としては尊敬できない人だったのか。初日にして私のなかには、大きなわだかまりが残った。

パンを買ってあげるべきか

翌日の日曜日。この日は、守備、投手を中心にした練習を行った。この日の慶彦のコーチも参考になるものが多かった。

まず、守備練習。内野手をレフトの位置につれていく。レフトは、芝生ではないが、比較的丈の短い草が一面に生い茂っており、平らで石が少ない。慶彦は、石がゴロゴロしているような場所でいくらやってもうまくならない、と言う。

そして、投手。上手投げのフィーフィーに下手投げを試させたり、外野手で唯一の左利きの選手を投手練習させてみたり。慶彦の柔軟な発想は、これまで私がいつの間にか固定観念を持ってしまっていたことに気づかせてくれた。これも、慶彦がいう「引き出し」の多さにつながるのだろう。

しかし、私の中に残っているわだかまりは、慶彦とのあいだに固い壁を作っていた。前日の慶彦の上から押さえつけようとする物言いに、私の心の中に生じた反発心は消えない。

そんな雰囲気を感じ取ったのか、アンビリバボー取材班のディレクターの方が気を遣って、その夜一緒に食事をどうかと誘ってくれた。そこで、彼らの宿泊場所とは違う海沿いの高級ホテルのイタリア料理レストランに行くことになった。

話は当然野球の話になるが、そのときの議論でまた私は慶彦と意見がかちあってしまう。

議題は「選手たちにパンを買ってあげるべきか」。

アンビリバボー取材班は、二日目の練習から、選手たちのためにパンと飲み物を買って持ってきた。

実は、アンビリバボー取材班が慶彦を連れてくるとの連絡が日本から入ったときに、私は社領と相談して、事前にチームの指導者としての要望事項をファックスで返信していた。その中の一つが、「選手にむやみに金品を与えないで欲しい」ということだった。それが無視されていたのである。私はこれに関して腹立たしく思っていた。

「腹が減ってれば、野球はできんだろう」

と、慶彦。

「僕は反対です。パン代なんてたいした額ではないですが、それでは彼らによけい依存心を植え付けてしまいます。パン目当てに来る選手がいるかもしれないですし。そもそもこれはアマチュア野球です。食事と交通費は自分でまかなう。自立して初めて野球をやる資格があると思います。学生野球ではなく、まがりなりにもナショナルチームなんですから」

と、私。

これはかねてからの私の持論である。ナイジェリア戦後の選手たちとの話し合いのときのみならず、私は常々彼らのなかに、野球をやるにあたって甘えが芽生えているのを感じていた。もともと貧しい国であるガーナは、外国からの援助なくして国家が成り立たない状況が長く続いてきた。ガーナ人自身だけの責任ではないことは明らかなのだが、国民の意識として、援助依存体質というのは、悲しいかな、存在する。

しかし、私や社領ら日本人が日本に帰国してしまっても、チームは存続していかなければならない。ナショナルチームの自立、発展なくして、ガーナ野球に未来はない。せめて、野球は自分たちの力で続けてほしい。

すると慶彦は真剣な顔でこう言った。

「俺は、ガーナ人じゃないし、ガーナ人になれないから、ガーナ人のことはわからん。日本人じゃけん、しょうがない。でも、腹が減ってどうしようもない苦しさは、わかる。友成さん、百円がなくて困るようなひもじい思いをしたことがあるか?」

私も決して裕福な家に育ったわけではないが、幸い食うに困った経験はない。

「いえ、ありません」

すると慶彦は睨《にら》むような目つきになった。

「俺は、ある。」

きっぱりと言い切った慶彦は、一瞬驚く私を見つめ、少し間をおいて続けた。

「腹が減ると何もできないんだ、人間は。やつらは腹が減っている。これは事実だ。それでいいプレーしろって言ったって、それは無理や」

私はひるまず反論する。

「腹がへってできないようなやつは来なければいいんです。それは自分で努力するべきです。仕事を頑張って、金を稼いで、メシを食べてはじめて野球をやる資格があると思います」

「じゃあ、友成さん、選手たちが日ごろどんな思いをして野球をやっているのか、わかるのか？　彼らがどんな生活をして、どんなところに誰と一緒に住んでるか、そしてどんな悩みがあって、とか、そういうことをわかっているんか？」

「いいえ、わかりません。というか、僕はわからないほうがいいと思って、ある程度距離をおいています」

私は、選手たちと仲良くなって、彼らの生活に入り込むことはなるべく避けるようにしていた。彼らの生活ぶりには興味があったし、そうしたいのはやまやまだったが、監督という立場上、一部の選手と特別につきあうわけにはいかない。情が入ってしまっても困る。選手たちの生活が厳しい状況にあるのはわかっていたが、といって私に何ができるわけでもない。

すると慶彦は少し声のトーンを落とした。

「監督っていうのは、大変な仕事なんじゃ。選手ひとりひとりの状態を見極めなければならない。でなければ、選手起用なんてできるわけないんよ」

突然監督論になったため、何も言えないでいる私を尻目に慶彦は続ける。

「俺がダイエーのコーチをしているとき、ある選手がスランプに陥っていたことがある。でも、原因がわからなかったんや。その選手は、実は女のことで悩んでいたことが、ある日一緒に飲みにいってわかった。俺は球団のある信頼できる人に相談したらどうだ、とその選手にすすめたんだ。その結果、問題が解決されて、その選手は調子を取り戻した。選手の実力を発揮できるような環境づくりと、それをトータルで見極めるのが、コーチ、監督の役割なんと思うんよ」

諭すように、ゆっくり話す慶彦。

選手の状態を見極めることが指導者の務め。そのためには、生活を含めて選手個々の状況を把握する必要がある。

慶彦は、話を戻す。

「食えるようになってから来い、って言ったたって、やつら野球が好きなんやろ。だから腹が減っててもグラウンドに来るんと違うんか？　それが現実やろ」

「それは、そうかもしれません」

「友成さん、建て前も大事だけど、チームが勝つことが今一番大事なんやろ。泥を飲まにゃならんこともあるよ。友成さん、監督だろ。それもナショナルチームだぞ。ガーナという国を背負ってるんだぞ」

痛いところを突かれた私は反論できなくなってしまった。そこにそれまで二人のやりとりを黙って聞いていたアンビリバボー取材班のディレクターが口を開いた。

「友成さん、言ってたじゃないですか。ナショナルチームが勝てば、それが広報されて野球の普及につながるって。その通りだと思いますよ。まず勝つことでしょう。勝てば結果はついてきますよ。勝つためにできることをやるべきだと思いますよ。選手たちが、しっかりと練習するためにパンを食べさせてあげたほうがいいなら、そうしたらいいんじゃないですか」

この日の話は、前日の激しいやりとりとは異質な激しさとでも言おうか。まさに「熱い」討論だった。しかし、経験に基づく慶彦の話は、実に説得力がある。

その日の熱論は、夜の十二時まで四時間続いた。ホテルを出ると、いつの間にか外は大雨が降っていた。

「今日はありがとうございました。なんか、もやもやがふっきれた気がします」

とホテルの出口に向かって歩きながらお礼をいう私に、慶彦は答える。

「頑張ろうや。俺もできることはするから」

どしゃぶりが、昨日のわだかまりを少しずつ洗い流してくれるようだった。

高橋慶彦。スイッチヒッター（右打席でも左打席でも打てるバッター）だったから、単純に人の倍は練習したという。グラウンドで衝突したときのやりとりからしても、思い込んだら一直線で、他人の主張に耳をかさないようなところがあり、決してものわかりのいい、いわゆる「いい人」ではない。

しかし、その「思い込み」は、妥協を許さない凄《すさ》まじいまでのパワーがある。プロの世界で、一時代を築いただけはある、凄《すご》みを感じさせた。

試合に勝つことを中心に考える野球のプロ、慶彦。

ガーナ人が自立して自らの手で野球を盛り上げる環境作りを目指す私。野球に対するスタンス、アプローチの違いから行き違いが生じた。しかし、ガーナの野球をよくしたい、という思いは同じなのだ。

私は以後、練習には水と、ときにはパンを用意するようにした。

また、慶彦の経験談は、監督のあり方を考える大きなきっかけとなった。

ガーナの選手から親しみを込めて「ヨシ」と呼ばれた慶彦には、その翌日月曜日からも練習を見てもらった。私や社領は、平日はもちろん会社に出勤しなければならないので参加できなかったが、選手は無職の者を中心に自主トレという形で集まり、慶彦の特訓を受けた。さらに水曜日からは、社領の自宅にある広大な庭を使っての夜間トレーニングを行った。

良く言えばきさく、悪く言えばときに尊大な態度に見える慶彦だったが、やっぱりこの人は野球がとことん好きなのだろう。私も野球は何よりも好きだが、生活をかけて、人生をかけて取り組んだ人は、やはり特異な情熱が根底にあるのだと思う。

慶彦は、その後、平成十一年一月下旬と同年五月下旬、それぞれ約一週間から十日前後、都合三回ガーナにきて、短期コーチをしてもらうことになる。教わったこと、参考になったことは多かった。そのすべては、私の手帳に書き留められ、チームにとって大きな財産となった。

だが、アンビリバボーは、さらに別の形でチームに影響を与えることになる。私が、喝《かつ》を入れるために、選手たちとのミーティングで断固たる態度をとったことの余波が、アンビリバボー取材班による、選手たちへのインタビューで明らかになるのである。

選手たちの反乱

「友成さん、ちょっとお話ししなければならないことがあるんですけど。お時間いただけませんか？」

ナショナルチームの練習が終わって、駐車している車に向かう私に、普段から丁寧な口調の社領が、よりいっそう丁寧に私に言ってきた。

アンビリバボー取材班と慶彦が日本に帰って一週間後の土曜日のことだった。

「ええ、いいですよ。じゃあ、僕の家に行きましょうか？」

普段は練習が終わればお互い車に乗ってそれぞれの家に帰る。練習後にまた時間をとることはあまりしない。いつもと違う流れにちょっと戸惑う私に、さらに社領が言う。

「坂元さん（仮名）も一緒なんですけど、いいですか？」

「え？　坂元さんも？　もちろん構いませんけど」

フルネーム坂元まゆみ（仮名）は、アンビリバボー取材班が初めてガーナに来たとき、取材コーディネーターを務めたガーナ在住日本人女性である。

一般的に、テレビ番組が外国に取材にいくときは、現地事情に精通していて、現地の言葉が話せる人を、取材コーディネーターとして雇うことが多い。ガーナには、日本人のプロのコーディネーターなんてもちろんいないので、本業はガーナ人の夫と養鶏業などを営む彼女を、私がアンビリバボー取材班に紹介したのである。

我が家に着いて、玄関を入ってすぐにある居間のテーブルを囲んで座り、飲み物を出すやいなや、社領が話し始めた。

「友成さん、実はちょっと話づらいことなんですけど……。実は、選手たちが、友成さんについていけないって言っているんです」

「えっ?」

「アンビリバボー取材班に聞いたんです。彼ら、選手たちにインタビューしたでしょう」

彼らは、練習時間以外の空いてる時間帯に、選手たちの住まいを訪れ、インタビューしたり撮影したりしていた。

「そのインタビューの時間以外の雑談のなかで、選手たちが口々に言ってたらしいんです」

「ええ? それ本当? 坂元さん」

坂元は、いつもアンビリ取材班と一緒にいる。インタビューのときは、その場にいて、選手たちとの話を通訳しているはずである。

彼女は、私の問いに対し、辛そうな面持ちで私を見つめながら首を縦にふった。

これは晴天のへきれきである。

私は社領の言葉がにわかに信じられなかった。私には心当たりが全くなかったのである。すると、社領が続けた。

「実は、以前選手たちが私のオフィスに来たことがあったんですけど、同じようなことを言ってたんです。なんか誤解があるんかなと考えたんですけど、あんまりたいしたことじゃないとも思ってたんです。今回、アンビリバボー取材班の人たちの話を聞いて、これはまずいな、と思いましてね」

私は非常にショックだった。それは本当なのか？

この時点では、ナショナルチームの指導を始めて一年十ヶ月がたっていた。そして、私と選手のあいだには、信頼関係があると思っていた。口には出さなかったが、自分自身の中では、「オリンピックを目指したければ、俺についてこい！」という気持ちで、ユニフォームや道具を調達し、募金を集め、着々と夢の実現に向けて一歩一歩進んできた。彼らも少しずつ技術が向上し、今日があると思っていた。

選手たちから信頼を失っている？

この俺が？

なぜだ？

するといかにも言いにくそうに社領が言う。

「一度失った信頼を取り戻すのは、難しいと思うんですよ。何もない状態から信頼関係を作るのに比べて。このままでは、チームが一つになれないと思うんです」

ひと呼吸おいてまた社領が言う。

「そこで、僕は寝ないで考えたんです。どうしたらいいのか」

対策も考えていたらしい社領を見つめる私と坂元。社領は一言で答えた。

「ケイケイ監督」

「ええ！　ケイケイが監督？」

「そう。そして慶彦さんが総監督。僕と友成さんはコーチとして支えていく。この新体制でやってくんです。ナショナルチームの監督は、ガーナ人にまかせるんです」

「ちょっと待ってよ。それは賛成できないな」

私は即座に言い返した。

「まずケイケイに監督は務められないよ。まだケイケイは野球を知らないじゃないか。彼は、選手を引っ張っていく力と誠実さがあるし、選手たちからの信望が厚いという点では、ふさわしいかもしれないけど、それならキャプテンでいいわけで、監督になっても名前だけになってしまう。彼はまだま だ勉強しなくちゃいけない段階だよ。慶彦さん総監督も反対だね。フジテレビは喜ぶかもしれないけど、次にいつ来るかもわからないし、結局それも名前だけになってしまう可能性が高い。頼りになるかもしれないけど、慶彦さんには日本に仕事もあるわけだし、遠く離れた日本からどこまで責任もってできると思う？　やりたくても難しいと思うし、やっぱり名前だけになる可能性があるよ」

「うん、そうかもしれないですね。でも、友成さん。これからアンビリバボーはまた何度か来るじゃないですか。ガーナの選手たちは、慶彦さんやアンビリバボー取材班といい関係になっている。友成さんは、慶彦さんとぶつかったりして、ちょっと難しい状況でしょう。これからのチームの運営を考えると、このままではまずいと思うんですよ」

私は社領に提案した。

「社領さん、ケイケイじゃなくて、社領さんが監督をやりなよ」

「え？　僕がですか？　いや、僕にできるかなあ」

「やっぱり監督は、野球を知ってる人がならないとだめだよ。選手が野球を知らないんだから。ガーナ人が監督をやるのは時期尚早」

「そうですね」

「社領さんが、チームの監督。社領さんは慶彦さんやアンビリバボー取材班ともうまくやっているし、一度慶彦さんとぶつかった俺が監督でいるより、彼らもそのほうが取材しやすくて嬉しいだろう。俺はジェネラルマネージャー（総括責任者）になって、現場から身を引くよ」

「ジェネラルマネージャー、ですか？」

「そう。選手の信頼を失っているのだとしたら、もう俺にはチームの監督をやる資格はないよ。だけど、俺は自分の名前で、それもジャイカ職員の友成、と紹介されて野球の道具と募金を集めたから、社会的責任がある。だから、これからはチームの運営や道具管理、野球の普及活動など、裏方としてガーナの野球にかかわっていく。ガーナ野球連盟の委員としてね」

我ながらいい案だと思った。もともと私が本当にやりたかったことは、野球の普及活動である。ナショナルチームの監督として、マスコミに派手にとりあげられたことにより、道具や募金は集まったが、その分、出る杭は打たれる的なことをすでに多く経験していた。全く事実と反することを陰で言われているようなこともあり、嫌気がさしていたこともあった。

これからは裏方に徹しよう。しかし、その大前提は、チームが私を必要としていないこと。本当にそうなのか。

「社領さん、俺、明日の練習のあと、選手を集めて聞いてみるよ。信頼を失っている原因も知りたいし」

「そうですね。そうしてみてください」

こうして三人での話し合いは終わった。

監督辞任宣言

二人を庭先で見送った私は、シャワーを浴びて食事をすませたが、なかなか気持ちが落ち着かなかった。社領、坂元の話の内容は、直接自分が聞いた話ではない。自分の目で、耳で確認したい。そう考えると、いてもたってもいられなかった。気がつけば車に乗っていた私は、ケイケイの家に着くやいなや、彼をひろって近所のマンハッタンという名の軽食レストランに入っていった。

まだ食事をしていなかったケイケイにハンバーガーをごちそうしながら、私は早速訊く。

「監督の俺が選手たちから信頼を失っているというのを聞いたんだけど、心当たりがないんだ。どういうことなんだろう。何か知ってるか？」

ケイケイは、手にしていたハンバーガーを皿の上におき、ひと呼吸おいてから私の目を見て答えた。

「それは、大雨の日にやったミーティングのことが原因だと思います」

ケイケイが即座に答えたということは、やはり選手のあいだでその話がよく出ているということだろう。

「どういうことなのかな」

「ミスター・トモナリ。あの日、選手たちが、食事の提供や、バスの購入などをお願いしたとき、だめだと言い切りましたよね」

「俺はあいまいな答えがきらいだから。白黒つけたほうがすっきりすると思ってね」

「それが、ガーナ人にはショックだったんです」

「だって、食事はともかく、バスなんて買えるわけないだろう。メンテナンスなんかもあるし」

「要は言い方なんです。だめだ、とすぱっと言われるのを嫌うんです。だめでもいいんです。『努力するけど、今は難しい』とか、いったん受け止めて欲しかったのです」

なんだそりゃ。まるで官僚答弁みたいだな。

「ガーナでは、チームの監督というのは選手の父親的存在であれ、と言われます。選手は、あなたの子供です。わがままを受け止めて、それをやさしく導いて欲しいんです」

私の父親は、だめなものはだめと厳しかったので、父親のようにと言われてもピンとこなかったのだが、ガーナ式愛情が足りないということなのかもしれない。

「ケイケイ、それが原因で選手たちは俺に対して信頼を失ってしまうのか?」

「信頼を失うまではいかないと思いますけど、ショックだったことは事実です。交通費は我々選手にとっては大きな問題です。あれじゃ、特に遠くから来る選手は、来るな、と言われているように感じるんじゃないかと思います」

「監督は選手の状況をすべて把握しておかなければならない」

慶彦が言った言葉が脳裏に浮かぶ。

選手たちがどう考えているか、私は把握できていなかった。ナショナルチームの監督を外国人が務める難しさを痛感した。まず、文化、社会の背景を理解しなければ、チームは掌握できない。やはり私には、監督の資格がなかったのかもしれない。

「ケイケイ。明日、練習のあと選手を集めてくれ。全員だと大変だから、昔からいるシニアプレーヤーだけでいい。みんなに訊いてみたいんだ。俺に対して信頼を失っているのかどうか」

私のいつも以上に真剣な態度につられてか、ケイケイの顔からもいつもの笑顔が消えていた。

「もし、信頼を失っているようだったら、俺は監督を辞めるよ」

私の口から初めて「辞める」という言葉を聞き、ケイケイは首を振りながら答える。

「誰もミスター・トモナリにやめて欲しいとまでは思っていないと思いますよ」

「でも、信頼関係がなかったら、チームが一つにはなれないよ。このチームがナイジェリアを倒して南アフリカの予選に出場するには、チームワークしかないんだ。チームが強くなるために俺が辞めるべきなら、喜んで辞めたいと思う」

確信をもって話す私の言葉をじっと受け止めていたケイケイは、何も言わない代わりに、ニコニコといつものスマイルを取り戻していた。

「よし、明日だ」

一時間くらいたっただろうか。私たちは、「マンハッタン」を後にした。

翌日の日曜日。練習後、すっかり薄暗くなったグラウンドの一部にある草むらの上に、シニア選手たち約十名と車座になって腰を下ろした。なにごとかといぶかしげにしている選手たちを見渡した私は、口を開いた。

「君たちシニア選手に集まってもらったのは、大事な相談ごとがあって、フランクに話し合いたいと思ったからだ。アンビリバボー取材班がみんなの家に行ったとき、俺についてこれないというような不満を、インタビューで言っていると聞いた。みんなに信頼されないのなら、監督を辞めようと思う。私はこの二年間、自分のベストを尽くしてきた。自分の役割は終わったかもしれない。いつでも辞める準備はできている」

選手たちはひとしきり無表情に私の話を黙って聞いた。

「みんなはどう思っているのか、フランクに聞かせてくれ。」

すると選手たちが手を挙げ、ひとりひとり話し始めた。

「ミスター・トモナリ。辞めるなんて言わないでくれ。あなたのパーソナリティーの問題じゃない」

「信頼を失っているなんてことはないですよ」

なかなか具体的な話にならない。私は前日ケイケイが言っていたように、大雨の日のミーティングでの私の主張に反感があるのではないか、と訊いてみた。すると何人かが同意したが、その一方で、あれは私の主張が正しいという意見も出る。どうしてこんな話し合いをするのか、という発言もあった。どうやら、一部の選手が反感を感じたことは事実らしいが、選手の総意というわけでもないらしい。

すると、チームのムードメーカーのポールが言う。

「ミスター・トモナリ。誰もあなたに辞めて欲しいなんて思っていません。ずっとコーチをして欲しいと思っています。ミーティングのことはもう過ぎたことだし、これから工夫すればいいことです」

うなずく何人かの選手たち。あたりはもう真っ暗で、みんなの表情がよく見えない。

「ありがとう。でも、いい機会だからよく考えてくれ。俺たちはナイジェリアを倒さなければならない。強くならなければならない。そのためには、負けたあのときのままではだめだ。自分たちを変えていかなければ。そのためのオプションがいくつかある。もっと練習をするとか、練習方法を変えるとか。監督を替えるというのも、そのうちのひとつだ。早ければ、来年二月には西アフリカ地区予選がある。それを考えれば、監督を替えるのは時期的に最後のチャンスだ」

じっと私の話に耳を傾ける選手たち。私はさらに私の提案を付け加えた。

「俺とみんなの信頼関係がなくなってしまったとするなら、俺の代わりに社領さんが監督をするべきだと思う。俺はジェネラルマネージャー（試合を指揮する監督ではなく、チームの運営を裏方から総合的に支える責任者）として、現場から身を引いて、裏方としてチームを支えていきたいと思う」

「ミスター・トモナリには、これからもいろいろと教えて欲しいんです」と、ポール。

「もちろん、新しい監督のもとで、邪魔にならない程度にたまにはくるよ。まあ、とにかく、俺がいないところで、選手たちみんなでよく話し合ってみてくれ」

何を言われても引かない私。真意をはかりかねて戸惑う表情の選手たち。

話し合いは平行線で終わった。


それから数日たったある平日。

「最近ちょっと元気ないですね。身体の調子でも悪いんじゃないですか？」

ガーナに滞在しているある保健医療プロジェクトの専門家が、事務所で執務中の私に声をかける。

「今、教育プロジェクト立ち上げのための出張者が来てますし、貧困対策の協力プログラムづくりもあって、最近忙しくて深夜残業が続いているんですよ」

「ガーナはただでさえ暑くてバテやすいところなんですから、ちゃんと休んだほうがいいですよ、友成さん。頑張りすぎて体調をくずすとマラリアにやられますよ」

「はい……」

このころ、私の会社の業務は一段と忙しくなっていた。会社の仕事と監督業。どちらも自分にとっては大事なものだ。だが、会社の業務は、ガーナの教育や貧困地域の対策など、ガーナの人たちのためになる仕事だ。仕事は放棄できない。では、監督業はなんのためなんだ。自分が好きなものは、監督業ではなくて野球そのものだ。学校への野球の普及活動やその他ガーナ野球発展のためのアイデアを実現するには、むしろ監督を辞めたほうがいいのではないか。ましてや、選手たちの信頼を失ったのであれば。総監督案は、まさに自分がやりたいことができる道だ。

また、憧れだった慶彦とぶつかってしまったことが、自分を弱気にさせていたことも否定できない。手打ちをしたとはいえ、誇り高きスーパースターと、自分の主義を簡単には曲げない私。これからもまた衝突があるかもしれないという不安も頭をよぎる。

自分が土台を築いてきたチーム。しかし、今が潮時なのか。

そして、その週の土曜日の練習後、選手たちは再び話し合いをしたらしい。翌日曜日の練習後、再び選手たちと、前回と同じ場所に車座になって座った。

「さあ、話し合いの結果を教えてくれ」

「ミスター・トモナリには、監督ではなく、コーチとしてチームにいてほしい」

「なるほど、それで、監督は誰がやるんだ？」

「監督はいりません」

「ちょっと待て。それはダメだ。勝つためには戦略が必要で、それを決めるのは監督だ。そして、監督は戦略を実行するのに必要なことは何かを逆算して、普段の練習内容を考える。チームづくりをするのが、監督の仕事なんだ。君たちは将来監督をすべき立場にある。野球における監督のあり方を勉強しなければならない。もう一度考え直してみろ」

みんなで考えろ、と言いつつ、既に自分が辞めることを前提に話をしている私。

しかし、監督辞任宣言の結論はすぐには出なかった。選手たちはガーナ流に、私がやめると言っていることを、いったん受け止めて考えているのかもしれない。そして、またまたアンビリバボーがきっかけとなって、監督辞任問題が棚上げになるような事件が起きるのである。

見えてきた素顔

監督辞任宣言は、慶彦が指摘したとおり、私が選手のことを把握していないことに起因していた。

慶彦はこうも言っていた。選手の気持ちがわからない者に監督は務まらない。選手たちが、何を考え、何に悩んでいるのか。選手が野球をやりやすい環境を作ること。これこそが、監督の務めである、と。

辞任宣言はしたものの、その後、結論が出るまで、監督である以上可能な限りベストを尽くそうと考えた。それまでの、選手たちとは距離を置くという自分の方針を転換したのである。

私は、積極的に選手たちと話をするようにした。

会社はどうだ？　兄弟はどうしてる？　仕事はうまくいっているか？　親は元気か？　結婚後の生活はどうだ？　何か困っていることはないか？

そうすると案の定、いろんなリクエストが出てくる。大雨の日のミーティングの際、亀裂が生じてしまった経験を生かし、とにかく、選手の話を聞いて、できる、できないはともかく、前向きに考える姿勢をとった。ケイケイがいう、ガーナ風「父親」スタイルを目指すことにしたのである。

これは、結構大変なことだった。というのは、バスを買ってくれ、といった不可能に近い要望よりも、私がやればかなえられるレベルのリクエストが多く、そのため私は限られた少ないプライベートタイムを、さらに使うようになった。

例えば――

ナイジェリア戦で三安打を放って活躍したデクー外野手の悩みは、親から野球をやることを反対されていることだった。金にならない野球なんかやらずに、家の仕事を手伝え、と厳しく言われていると言う。

「ミスター・トモナリ。親を説得してくれないか」

私は、会社の業務が終わったある日の夜九時ごろ、デクーと落ちあって、彼の父親に会いに行った。もちろん手土産に、父親が好きな炭酸飲料を一ダース用意していった。軍隊に勤める彼の父親を前にして、私は背筋を伸ばして言った。

「お宅の息子さんは、我がナショナルチームのレギュラー選手で、オリンピックを目指しています。どうか彼に、今しばらくチャンスを与えてください」

また、ショートを守るチーム一の野球センスをもつジョシュアが、これから毎週土曜日の練習に参加できなくなるという。彼は石鹸工場で働いているが、会社の業績が好調で土曜日も操業することになるからららしい。

「ミスター・トモナリ。社長にお願いしてくれないか？」

私は、休みを利用して、アクラから三十キロくらい離れた港町のテマの工場に駆けつけた。工員が二十人いることを聞き、ジュース二ダースとスナック菓子を土産に買って、工場長に会いに行った。

「この若者は、ガーナではまだ新しいスポーツ、野球のナショナルチームの中心選手です。ガーナがアフリカの中で野球強国になれるかどうかは、彼にかかっているのです。どうか、オリンピック予選まで、彼を土曜日の練習に参加させてやってください」

この手の「説得してくれ」リクエストは非常に多かった。ガーナはホスピタリティの国。外国人に対して非常に親切な国なのである。日本人である私がお願いすれば、まず普通のガーナ人は受け入れてくれる、と選手たちは言う。

頭を下げるだけで、彼らが野球ができるようになるのであれば。

私は、可能な限り対応した。

また、こんなリクエストもあった。

ある選手の父親が体調不良で仕事ができないので、弟の学費が払えない。このままでは退学させられてしまうので、父に代わって自分が働かなければならず、これからは練習に出られない日が増えてしまうと言う。聞けばその金額はそんなに大きな額ではないが、しかし、選手に金を貸すという行為だけはしたくなかった。

実はチームを教え始めたころ、靴屋をやっている選手に三千円程度の金を貸したことがあったが、その金を持ったまま、その選手は二度と現れなかったことがあった。貸借関係ができたせいで野球をしなくなる選手が出るようなことを繰り返したくないし、一人に貸せば次々にリクエストが来る恐れがあって収拾がつかなくなる。

私は、その選手の親に会いに行って状況を詳しく訊いてみた。

すると、翌月には職務復帰して給料が入る予定であることがわかった。

そこで、私は自分の主義を曲げ、その選手にも平日は仕事をさせることを条件に、貸すことにした。彼や彼の親、兄弟から非常に感謝され、彼自身、家のなかで株があがり、野球が格段にやりやすくなったと言う。

ちなみに、ほどなくして借金は返ってきた。

これらのリクエストに応えていくために、私の自由な時間はさらになくなっていった。大袈裟に言えば、私のガーナ生活は、会社に行って仕事をしているか、野球関係のことをやっているか、寝ているか、という毎日である。

しかし、彼らの生活に踏み込んで、交流をしていくうちに、彼らの考え、悩みがわかり、彼らのコンディションまでもがわかってくる。

それに、ガーナ人の一般庶民の家に入り、家族と話し、友人と話す。ときに外国人があまり行かないような地域に足を踏み入れる。これは貴重な経験にもなった。

そして、彼らの暮らす場所に行くことで、選手たちのナマの生活、人生が分かってくる。

——そうか、こんなところからグラウンドに来ているのか。

——こんな大家族で暮らしているから、この選手は働かなくてもなんとかやっていけるのだろうが、仕事がないから立場は苦しいだろうな。

——普段偉そうにしているけど、会社では中間管理職で仕事が大変なんだな。

——この選手がこんなにパワーがあるのは、ここでこういう力仕事をしているからか。

それまでわからなかった、我がチームのメンバーの素顔が次々にわかってくる。それは新鮮な驚きや発見でいっぱいだった。

チームと出会って二年。恥ずかしながら、私はようやく初めてこのチームを知った。

そんな気持ちになった。


これで監督辞任問題も解決、といきたいところだが、そうは問屋がおろさない。

アンビリバボーがきっかけとなったもうひとつの事件は、まさに監督辞任宣言後の混沌《こんとん》とした話し合いが進んでいくなかで起こったのである。

日本での武者修行

ガーナの空の玄関、コトカ空港の入り口。キャプテン・ケイケイ、ムードメーカーのポール、エースのジミーの三人が、スーツ姿をばっちり決めて立っている。

十一月中旬のこの日、三人が日本に野球の武者修行に出発する。空港は、何人かの選手に加え、彼らの家族や友人、ガールフレンドでごった返していた。

これは、アンビリバボーの招きで実現した、彼らにとって初めての遠い日本への旅である。

十月にアンビリバボーが取材でガーナを訪れたとき、私がディレクターの方に「選手を日本に送って練習させることができたら……」と夢のようなことを話していたら、本当に実現させてくれた。三人には、アンビリバボー現地取材コーディネーターの坂元が、旅行途中の撮影も兼ね、引率役として彼らに同行する。

ジミーは、キューバ帰りの選手なので、飛行機の搭乗経験があるが、ケイケイは子供のとき以来、ポールにとっては初めての飛行機なので、この二人はそわそわと落ち着かない。

しかし、回りの見送りに来た人間は大騒ぎである。

ガーナ人にとって、日本は遠い憧れの国。最先端の技術を有するお金持ちの国として、ガーナ人が最も行ってみたい国の一つであり、実際、日本にいるアフリカ人では、ガーナ人が最も多いともいわれている。

彼らにとっては、野球のための、しかもわずか十二日間の旅なのだが、それを知ってか知らずか、回りの人間はあたかも今生《こんじょう》の別れのような勢いなのである。ケイケイの姉なんかは、涙をぼろぼろ流している。私は、半分呆《あき》れながら、「グッドラック！」と声をかけて見送った。

さて、その日本で。まず、プロ野球ダイエーのキャンプに一日だけ参加。高橋慶彦がダイエーのコーチをやっていた関係から、高知のキャンプに特別に参加させてもらい、指導を受ける。そして川崎球場で、プロ野球のOBチームと試合をし、なんとジミーが五イニングのゲームながらノーヒットノーランを達成。コントロールがよかったことに加えて、彼のスピードが遅すぎて打たれなかったとしか思えないが、快挙ではある。そのほか、「雪を見たことがない」と言うので、バランス感覚の訓練も兼ねてスノーボードに挑戦したり、集中力をつけるために座禅を組んだり、あんまり野球とは関係ないプログラムも多かったようだ。

アンビリバボー取材班のディレクターは、「野球のためになるようなことをやった」と言っていたが、ガーナ人が日本の文化に触れる様がテレビ的にはおもしろいというところもあったのだろう。ただ、バッティングセンターにも挑戦し、これはかなり打ち込むなど、練習にも励んだらしい。

十一月も終わるころ、彼らはガーナに帰ってきた。帰国翌日の土曜日、早速練習に参加する。この練習で、私は彼らの変わりように目をみはった。キャッチボールから始まって、外野手のボールの捕り方や、バッティングなど、三人が率先して、日本で教わった様々な技術を、ほかの選手たちに自主的に教えているのである。

もっとも、中には、勘違いして覚えていることもあり、それは適宜注意しながら見ていたが、自分たちが覚えたことをチームメイトに教えるというその気持ちに私は感動した。訪日効果、抜群である。日本に行かせてよかった！

……と、練習中は思っていた。

ところが。

日当を払え

練習後、キャプテンのケイケイが、帰り支度をしている私のところにやってきて、ちょっと話がしたい、と言ってきた。後ろにポールとジミーを従えている。赤道近くとはいえ、北半球のガーナは十二月が近いこの時期は日が短い。六時を過ぎ、薄暗くなったグラウンドで、ケイケイら三人のただごとでない真剣な表情に、何ごとかと思った。日本で学んだことを、もっと生かすにはどうすべきか、なんて議論かと勝手に想像したが、その話の内容は全く違った。

「ミスター・トモナリ。僕たちはまだ日当をもらっていません」

私は、思わずずっこける。

「日当?」

「一日四十ドル。十三日で五百二十ドル。日本で『アンビリバボー』に頼んだのに払ってくれませんでした。スポーツカウンシルも、日本人がサポートしているのを知っているので、払いません。これはシリアスな問題です」

ケイケイは、一気に話した。興奮しているためいつも以上に早口になっている。

「でも、日当ってどういうこと? なぜ日当が必要なんだ?」

「スポーツ選手は海外遠征に行く場合は日当が出ます。ガーナを代表して行ったのだから、我々は日当をもらうべきなんです」

「ちょっと待て。テレビの招きで行ったのであって、代表チームの試合で行ったわけじゃないだろう。確かに、旅行中いろいろと物要りがあるんだろうが、そのために予備金として坂元には千ドルを渡したんだ。何かあったときはそれを使ったはずだろう。」

　アンビリバボーのコーディネーターとしてガーナから引率した坂元には、三人に何かあったときのことを考えて、それまでアンビリバボー出演料として受け取ったナショナルチームのお金の中から、支度金を渡しておいたのである。

　するとジミーが言う。

「それは坂元が管理している金で俺たちの金じゃない」

　ケイケイが続ける。

「みんな、俺たちが日本に行って金をもらっていると思っているんです。実際は一セディ（セディはガーナの現地通貨）ももらっていないのに。こんなことではもう野球なんかやっていられない」

「お前らは金のために野球をやっているのか？　日本に行けて貴重な経験をしてそれでなぜ満足できないんだ。俺にはさっぱり理解できない」

「ミスター・トモナリ。ガーナではスポーツ選手に日当が払われるのは常識なんです。誰も払ってくれないのなら、チームのマネージメントが払うべきだ！」

　凄い剣幕である。マネージメントとは、監督、コーチ、すなわち、私と社領を指している。日当を我々日本人が払え、と言っているのである。そんなことを言われたら、本来激怒すべき場面であるが、三人のあまりの勢いに、あっけにとられて当惑するばかり。

　ケイケイは、これまで野球のためには自腹を切ることも辞さなかった男である。そんなケイケイの言葉とは思えない。ジミーは、一流企業に勤めるサラリーマンの割に金には結構うるさく言うのはわかっていたが、ポールはこれまで金のことで文句を言ったことはなかった。

「じゃあ、聞くが、金がもらえなければ、今回の旅行は満足できなかったというのか？」

「そうです」

きっぱりと言い切るケイケイ。途中で、会話に入ってきた社領が、彼らにわからないように日本語で私に言う。

「なんか、とんでもない話ですよね。日当を払うなんて考えられないですよ。日本に行きたくても行けないやつもいるのに」

「甘ったれてるとしか思えないよね。でも、この真剣さ、興奮ぶりは、どういうことなんだろう。わけがわからないよ」

かつての私であれば、一刀両断、そんなもの払えない、で議論は終わったと思う。

しかし、前述した「大雨の日のミーティング」での対応ぶりで行き違いを生んでしまったことの反省から、とりあえず、彼ら三人にもっとよく話を聞き、ほかの選手の意見も聞いてみてから、どうすべきかを判断しようと考えた。

「選手たちが野球をやれる状態になければ、どうすればいいのかを考えるのも監督の仕事だ」という慶彦の言葉も頭をよぎる。

私は、三人に言った。

「とりあえず状況がよくわからない。どういうことなのか、どうすべきなのか、冷静になって考える時間が欲しいので、また明日話そう」

「わかりました」

三人は、言うべきことを言ったのに、我々が理解を示さないことに落胆があったのか、いつものような挨拶をせず、ばらばらと帰っていった。


翌日の日曜日の練習前、グラウンドに早くから姿を見せていたシニア選手のデクー外野手をつかまえ、相談してみた。

デクーは、ケイケイよりも一歳年上で、チーム最年長者のひとりである。

「デクー、昨日のことなんだけど」

「ああ、日当の件ですね」

「日当は、そりゃあったほうが嬉しいのはわかるけど、それがもらえないからって、日本に行った意味がないことにまでなるものなのか？」

ちょっと考える間をおいて、デクーが言う。

「彼らは日当がもらえないことを事前に知っていたんですか？」

「日当なんて、俺はその存在自体全然頭になかったよ。だから我々からは一言も言っていない」

「それが問題だったと思います」

「そういうことじゃなくて、日本に行けただけで満足、感謝すべきなんじゃないかってことなんだ」

するとデクーは、言葉を選ぶように、いつになく真剣な表情になった。

「ミスター・トモナリ。アフリカ人のメンタリティ（意識）は違います。我々アフリカ人はもらうことに慣れていて、それを当然と感じてしまうんです。また、西アフリカを陸路で移動するときは、いたるところにバリア（通行止めをして車を一時停車させるところ）があって、そこにいるポリスに金を払わなければならない。旅行には十分な金が必要だということは、旅の常識なんです」

「でも、それについては、今回の旅は坂元がずっと同行したわけだし、いざ何かあったときのために彼女には事前に十分な金を渡した。それに日本は安全な国だ。バリアなんて空路だったからないし、日本の国内にもない。さらに日当を払う必要性はないと思うんだよ」

すると、少し考えてデクーは言った。

「ミスター・トモナリの話は、理解できます。もう一度三人と話し合ったほうがいいんじゃないでしょうか？」


このとき私はガーナに来て二年が過ぎていた。アフリカ人と初めて交流した感想は、「人間はみな同じ」。すなわち、肌の色、言葉、風習など、日本人とは違っても、人間どうし、感じることや価値観に、極端な違いはない、ということだった。デクーとの話で、私の主張が、ガーナ人にとって全く理解できないというわけではなさそうだ。

しかし、この日当に関することは、もしかしたら、やはり我々日本人には理解できない何かが根底にあるということなのかもしれない。

やはりもっと話し合わなければ。

借金の謎

しかし、その日の練習にケイケイは来なかった。

「日当が払われないんだったら、野球なんかやってられない」を実践してしまったのである。これはショックだった。あのケイケイが、キャプテンという立場を捨て、野球の練習に参加しないなんて。

練習後の通常のミーティングのあと、シニア選手を集めてさらにミーティングを開いた。金にまつわる話なので、高校生などの二十歳前後の選手は、このミーティングには参加しないほうがいいと思い、年長の選手十数人を対象に集めた。ポールとジミーももちろん一緒である。

私は、みんなを座らせて、まず自分の考えを述べた。

「みんな、もう知っていると思うけど、今回日本に行った三人が日当をもらっていないと不満を言ってきた。私と社領さんは一晩考えたが、やはり我々には理解できない」

昨日は、三人がかなり大声で激しく私に言い寄っていたので、ほとんどの人間はすでにこの問題を知っていたようだ。しかし、断片的に聞いているのだろうし、多分我々のいないところで、三人は自分たちの立場でしかものを言っていないだろう。

私は、彼らの主張に対する反論を整理して伝えようと思った。

「三人の主張が理解できない理由は三つある。

一つ。我々日本人には、正規の国際大会でない限り、アマチュアスポーツマンに日当は支払われないという常識がある。日本ではむしろ海外遠征するときは自腹を切ることさえある。日本人は経済力があるので、比較するのは無理があるかもしれない。日当というのはビジネスマンに支払われるものだ。今回の旅行は国が派遣したわけではない。俺たち日本人がいたから日本のテレビがスポンサーになったのだ。これは民間ベースの旅行にすぎない。

二つ。今回彼らは日本で貴重な経験をした。そもそも日本に行くこと自体大変なことだ。彼らはみんなの中から選ばれ、経験という財産を得たのだ。それで満足すべきではないのか。

三つ。そもそも彼らに金を直接渡してはいないが、貴重な寄付金（本当は出演料がわりにアンビリバボーから支払われているテレビ局からの寄付金）の中から、冬物のコートから始まり、旅行中の軽食、薬代、お土産代まで必要な金をあらかじめ坂元に渡している。その金額は彼らが日当として要求している金額より多いんだ。それには彼らに秋葉原でお土産購入代金として一人百五十ドルずつわたしている分も含めている」

なぜ彼ら三人があそこまで必死になって主張するのか、その理由を知りたかったので、ちょっとなまなましい話をしてしまった。気がついたら、シニア選手以外の若い選手もずらっとこのミーティングを取り巻き、話を聞いている。みんな関心があるのだ。

わたしは、構わず話を続けた。

「ガーナでは国外に出るときはスポーツ選手に日当が支払われるということはわかった。しかし、今回は日本人のサポートで、日本の企業の金で日本に行ったのだから、彼らも我々日本人の考え、慣習を理解する努力をすべきではないのかと思う。みんなの意見を聞かせてくれ」

すると早速何人かの選手が手をあげる。

「事前に日当が出ないことがわかっていればこんな問題にはならなかったと思う」

「全額でなくて少しでもいいから払ってあげてはどうだろう？」

「今からでも遅くないかもしれないから、スポーツカウンシルが払うよう監督としてかけあってみては」

日当の払い方についての発言が続いた。私はまだ手をあげて発言しようとしている選手たちを制して言った。

「ちょっと待ってくれ。結局金が大事ということなのか？　彼らの考え方についてはどうなんだ。彼らは日当がもらえなかったから、俺たち監督、コーチが支払うべきだと金を請求しているんだ。日本に行けたことに対して感謝の言葉がないばかりか、そのかわりに不平不満ばかり言っているんだ。どうしても理解できない」

選手たちは、日本の慣習を理解するより、金が払われるべきということで一致しているようだ。そのへんは、練習前にデクーが言っていた「もらうのが当然」という意識があるからか。

それはしょうがないのかもしれない。しかし、それで野球をやめるというような考えはやはり理解できない。私は、常日ごろからの思いを、思い切ってぶつけてみた。

「俺と社領は、これまでチームのためにいろんな努力をしてきた。なぜか。それは野球が好きだからだ。出会ったころ、みんなは純粋に野球が好きだった。そんなみんなだったから、俺たちも一緒になってここまでやってきた。なのに、今はどうだ。金、金、金。彼ら三人だけではない。最近いろんなやつが金のことばかり言う。みんなが変わってしまったとしか思えない」

ついつい声が大きくなる。すると選手たちが口々に応え始めた。

「僕たちは変わっていません」

「これまで、いろんな道具やたくさんの援助、そしてこの代表チームのユニフォームまで作ってもらったことは、いっぱい感謝すべきであって、不平なんか言うべきじゃない」

「マネージメントは何も悪くない」

しかし、そのやり取りをみて、腰に手をやりひとり笑っている奴がいた。

張本人のジミーである。

「ジミー、何がおかしい！」

その態度にむっとした私は、強めの口調で言う。みんながジミーの方を見る。にわかに睨むような目つきになったジミーは高圧的にまくしたてた。

「ガーナのスポーツ選手は、海外に出たら卓球の選手だって日当をもらっている。俺たちには日当が払われていない。だから日当が必要なんだ。これがガーナの常識だ！」

食ってかかるような言い方をするジミー。私は諭すようにいった。

「これは単なる私的な旅行だ。国の代表として海外に行ったわけではないだろう」

しかしジミーはさらに憤然と続ける。

「俺たちは川崎球場でプロ野球のOBたちと試合をした。ガーナの代表選手として代表チームのユニフォームを着て戦ったんだ。そのとき寄付金箱があって寄付を集めていた。俺たちはガーナのためになることをやったのだ。日当をもらって当然だ」

川崎球場の試合では、投手のジミーを打てないバッターが寄付金を払うというような企画をやっていたらしい。それまで黙っていた社領も発言した。

「俺はびっくりして呆れている。こんな考え方をするような選手がいるんじゃ、もうやっていられない」

ジミーの挑戦的な発言に、私や社領の態度が硬化し、雰囲気は一気に悪くなった。すると、キューバ帰りの良識派、ぺぺ外野手が発言した。

「個人的な意見だけど、ミスター・トモナリやミスター・シャリョウが日当を支払う必要は全くないと思う。日当はスポーツカウンシルが払うべきだ。この話はガーナ側の問題にするべきだ。彼らは関係ない」

彼の意見に、何人かの選手がうなずく。

「ポールはどうなんだ？　お前の意見を聞かせてくれ」

それまでほとんど黙っていたポールが促されて口を開く。

「自分は日当のことで不満はあるけど、監督やコーチが払うべきだなんて考えていません」

「ケイケイは俺たちが払うべきだと言ったぞ」

「僕はそうは思っていません。でも……」

ポールが何かを言いかけたとき、デクーが割って入った。

「ミスタートモナリ、この件については、シニアプレーヤーのあいだでもう一度話し合いたい。来週土曜日十二時半からグラウンドで話そう」

気づけば、時間は七時をとっくに過ぎている。奥さんと小さい子供が待っているデクーは早く家に帰りたいのか、話を切り上げたいようだ。

「わかった。もう時間も遅いし、今日はこれで終わりにしよう。ただ、私は貴重な寄付金を三人の終わった旅行の日当にあてる考えはない。しかし、スポーツカウンシルに手紙を出すとか、かけあうとか、俺にできることがあるならサポートはする」

ミーティングは終わった。この日も、もうあたりは真っ暗である。しかし、目がいいガーナの選手たちは、みんな暗い中を臆《おく》することなく帰っていく。

私は、ポールが言いかけていたことが気になって、帰ろうとするポールの肩を抱いて、訊いた。

「ケイケイに今日の話し合いのことを報告しておけよ。そしてもう一度、ケイケイ、ジミーとよく話し合え」

ポールは笑顔を見せず、背中を丸め、思いつめたように足下に視線を落としたあと、重たそうに口を開いた。

「わかりました、ミスター・トモナリ。でも僕らは日本に行く前、いろいろとお金を使ったんです」

「いくら使った?」

「僕は三十万セディくらいです。十五万セディは父親からもらいました。残りの十五万セディは友人から借りました。てっきり日当が入ると思っていたので」

私は思わず言葉を失った。三十万セディとは、このときのレートで百三十ドルくらいである。ガーナの首都アクラとはいえ、一般庶民で一ヶ月に百ドル稼ぐ人はそうはいない。これはかなりの大金である。

これまでチームの運営のために、ずいぶん金を使ってきた。しかし、オリンピック予選出場資金を確保しておかなければならず、これ以上はもう使えない。ポールにとってそれは大きい金額だろうが、甘やかさないでここは自分で処理してもらうしかない。そもそも日当を払うなどとは最初から一言も言っていないのだから。

しかし、どうしてそんな大金が必要だったのか。予備金として十分だと思える千ドルを渡しておいたにもかかわらず、なぜ彼らはさらに借金をする必要があったのか。

後日、私は、その理由に、改めて驚かされることになる。

ヨシヒコの教え

何日かたったある日の夜。私は、会社からの帰り道に、ケイケイの家に寄った。私の呼びかけに応じて出てきた彼は、ちんたら歩きながら私に近づいてくる。その顔にいつもの人なつっこい笑顔が見られない。私はケイケイの腕をとって庭から連れ出し、道ばたの街灯の下で聞いた。

「ケイケイ。どうしたんだ、このあいだの日曜日の練習は。キャプテンが来なけりゃ話にならんだろう」

バツが悪いのか、視線を合わせようとせず、無言のケイケイ。私は努めて優しく諭した。

「自分の立場を考えろよ。日当のことで頭にきたのかもしれないけど、チームはお前が引っ張っているんだから」

「すみません。来週は出ます」

ようやく口を開き、しおらしく謝るケイケイだが、顔には「不満」の文字がまだくっきりと書いてある。

「ケイケイ、このあいだの練習のあと、みんなで話し合ったんだ」

「ポールに聞きました」

「お前もやっぱり、日本に行くにあたって、金を工面したのか？」

「はい」

「借金して、か？」

「友人に借りました」

「いくらだ」

「五十万セディくらいです」

五十万セディは二百ドル以上の相当な大金である。

「一体、何に使ったんだ。何を買ったんだ？」

「お土産とか、ほかにいろいろです」

「今回の旅行は、野球の修行のようなものだろう。観光旅行じゃないことは、お土産を渡すような相手ならわかっているんじゃないのか？」

するど、それまで目をそらしがちに話していたケイケイが、私をまっすぐ見た。

「ミスター・トモナリ。ガーナでは、スポーツ選手が外国に行くということは、すごく栄誉なことなんです」

「ああ、それは、わかるよ」

日本でだってそうなのだから、この貧しい国ガーナから海外に国を代表して出るということは、さぞかし名誉なことだろう。

「そして、海外に出る、ということは、国からお金が出ることを意味します。それも、いっぱい」

確かに、本来であれば、今回の旅行の場合、スポーツ省の規定にしたがって五百二十ドルが支払われることになるらしい。アクラの一般庶民の半年分の収入以上である。

「でも、今回は、テレビの企画じゃないか」

「それは関係ありません。僕たちは、野球選手としてガーナを代表して出たんですから。みんなそう思ってます」

「うん。それで？」

「つまり、こういうことなんです。僕たちがスポーツ選手として外国に行くということは、お金をいっぱいもらったと思われるということなんです」

「……なるほど」

「ガーナの社会システムはおわかりでしょう。親兄弟や親戚だけでなく、一緒に住んでいる人すべて、金のあるものが他を養うシステムを」

今まで監督とキャプテンという主従関係で協力してきた私たち二人だったが、このときばかりはケイケイの存在が遠く感じられた。目の前にいるのは野球人ではなく、異文化人。私は勉強を教わる生徒のような気分で耳を傾けていた。

日本は核家族化がすすみ、親戚づきあいだけでなく、隣近所の関係なんてものも、どんどん希薄になっている。しかし、ガーナは、依然、コミュニティのなかに相互扶助《ふじょ》の精神が色濃く残っている。持てるものが他を養う。もちろん働かない人間は、なんらかの努力を求められる。家の仕事を手伝うとか、引き続き職探しをするとか。

ガーナの田舎に比べれば、首都であり、最大の都会であるアクラでは、そういう伝統的なシステムは崩れ始めていると聞いていたのだが。

「ミスター・トモナリ。僕は今、みんなに金持ちだと思われているんですよ。親兄弟、親戚、知人、全員がそう思っています」

彼は顔が広いから、知人の数は、それは凄い人数だろうと思われる。

「僕は、野球のために自分の仕事をやめました。無職になって、野球に専念しているんです。家族に養ってもらい、いろんな人に金を借り、自分の信用でここまでやってきたんです。今、僕は日本に行って帰ってきた。誰しも僕は金をもらっていると思っている。これまで借りた金を返さなければならないし、家族や親戚にも、お金を渡さなければならない。誰も僕が日当をもらっていないなんて思ってないんですよ」

「だったら、それを説明すればいいじゃないか」

「誰がそんなことを信じますか？　そんなことを言ったら、僕は嘘をついて、もらった金を全部自分のものにしようとしているとしか思われません。僕自身の信用を失ってしまうんですよ！」

興奮した口調で身ぶりも大きく話すケイケイ。

私はしばらく言葉が出なかった。そういうことだったのか。

「すると、そのために借金をしたのか？」

私の問いに、ケイケイは自分の気持ちを鎮《しず》めるように、一瞬の間をおいて短く答えた。

「そうです」

何人かの知人に借りたらしい借金は、クリスマスシーズン前に返す約束だったらしい。そうすると、そのためにまた別の借金をしなければならないと言う。ガーナにサラ金がなくてよかった。

「わかった。その件は個人的になんとかしよう」

後日、私は、これまで自分で作った掟を破って、ケイケイとポールに彼らの借金分を、個人的に「貸す」ことにした。日本人にとってはたいした額ではないし、あげてしまってもいいのだが、そうすると、際限がなくなってしまう。せめて貸し借りという比較的対等な関係にしておいたほうがいいと考えた。

ちなみに、ジミーは、高給とりだったので、貸す必要はなかった。

難しいものだ。文化、社会の背景が違うと、見えているものの裏を見ることは難しい。人種や宗教が違うということも同じだろう。ガーナにはガーナの常識がある。それを理解するためには、深く、多角的に、そして丁寧に調べる努力が必要だ。

そしてこのような問題が生じる根底に貧困がある。貧困問題がある限り、今後もこのようなトラブル、軋轢《あつれき》が外国人との間で生じるのであろう。

だが、今回それを乗り越えることができたのは、慶彦の言葉が頭にあったからだ。

「選手のことがわからなければ監督は務まらない」

私は、この言葉が常に頭から離れず、相手のことがわかるまで理解する努力を続けることができた。

アンビリバボーによって派遣された慶彦の教えをもっとも享受《きょうじゅ》したのは、もしかしたら選手たちでなく、私かもしれない。

ガーナ・ナショナルチームの絆は強くなった。理解が深まれば偏見もなくなる。互いを理解する努力。その継続がチームをより強くしていく。

雨降って

日当事件の真相がわかり、しばらくたったころ。あいまいになっていた監督問題について、シニア選手たちとの話し合いが行われた。

監督辞任宣言をした当時、私は本気で辞めるつもりだった。しかし、選手たちのなかに自ら飛び込み、交流を深めていくうちに、私は、改めて我がチームを発見し、愛着がわいてきていた。

彼らと一緒に、オリンピックを目指したい。

大きなチャンレンジと、その苦しみ、喜びをわかち合いたい。

「チームがひとつになるには、規律が必要だ。監督問題が宙に浮いていたが、はっきりしたいと思う」と、私。

このとき集まったシニア選手たちは七人。いずれも、チームの初期のころからのメンバーだ。

代表してケイケイが言う。

「ミスター・トモナリが引き続き監督をやることに誰も異議はないです」

全員うなずく。

私は、ひとりひとりの表情を見てから、言った。

「そう言ってくれるなら、俺はこれまで以上に全力を尽くす。でも、俺だけが頑張っても、だめだ。君たちシニアプレーヤーの協力は不可欠だ。きれいなピラミッド型組織が一番強い。若い選手たちは、監督に従う君たちの結束ぶりについてくる。模範を示さなければだめだ。俺は、ガーナのナショナルチームの今のためだけでなく、将来を見据えて、ガーナの野球をサポートしていくつもりでいる。みんなはこの俺をサポートしてくれ」

ケイケイがいう。

「しかし、最近の若いのは年輩者を敬わない。だからばらばらになってしまうんです」

最近の若いのは、なんていうのは、万国共通なんだな、と思いながら、私は答える。

「今度俺が若いのを集めて話をする。ピラミッドの上部は君たちが作ってくれ。それに続くような土台が作れるようにする。だから、俺を信じてサポートすると約束してくれ」

全員うなずいた。

「よし、じゃあ、日本式に手を合わせて誓おう」

ガーナ・ナショナルチームは、気合いを入れるかけ声がある。選手たちが輪になり、キャプテンが「ライジング！」と叫ぶと、ほかの選手たちが「スターズ！」と声を合わせて叫ぶのだ。

選手たちが手を合わせ、私が音頭をとる。

「ライジング！」

「スターズ！」

う～ん、決まった！

ここに監督辞任騒動は終結した。

雨降って地固まる。

これからは、チーム一丸となって頑張れる環境を作っていかなければならない。

私がやらなければならないことは山のようにあった。

第四章　挑　戦

改革断行へ

私は、ガーナでは三つの肩書きを持っていた。ジャイカ・ガーナ事務所所員。ガーナ・ナショナル野球チームの監督。そして、ガーナ野球連盟の委員である。

この三つめの「野球連盟委員」は、スポーツ省ナショナルスポーツカウンシルから正式に任命された、ガーナの野球の普及、発展を業務とする連盟のメンバーということである。

私は、野球連盟の業務として、青年海外協力隊の野球隊員を要請することを計画していた。青年海外協力隊とは、ジャイカが実施する事業のひとつで、二十歳から三十九歳までの技術をもった青年を途上国に通常二年の任期で派遣し、草の根レベルで技術支援あるいは交流を行うものだ。技術といっても、その種類は多岐にわたる。農林水産業、工業、保健衛生、教育、ＩＴ、などの技術から、手工芸、音楽、美術、スポーツなどの文化的なジャンルまで、途上国の要請に応じてその種類は百四十にも及ぶ。野球隊員も、アジア、中南米などを中心に派遣され、野球の普及活動や代表チームのコーチなどを務めている。

ガーナの学校への野球普及活動では、ナショナルチームの選手たちを派遣して教えさせていたが、この時点で野球部があるのは三校四チーム（うち女子ソフトボール一チーム）。もっともっと学校数を増やしていきたいし、野球部を創って欲しいというリクエストもいくつかの学校からあったが、派遣できるコーチの質、量の問題もあって、これ以上の学校への普及は困難だった。

やはり、野球隊員が学校を巡回し、学校の先生たちと野球部を運営していくような形にしたほうが、自立、発展していきやすい。

この野球隊員の要請を受け付ける相手は、私の勤務先であるジャイカ・ガーナ事務所であるが、この件については、私の立場はあくまでガーナ側である。野球の普及活動を早く広げていきたかった私は、一刻も早く隊員にきて欲しかったのだが、実はひとつ問題があった。

協力隊員をジャイカに要請するにあたって、ガーナ野球連盟としては原則として隊員の住居を用意しなければならない。これは、野球連盟事務局が予算化して準備するべきものである。

しかし、第二章でも触れたとおり、この野球連盟の事務局は、実質的に有名無実なものであった。アサモア（仮名）事務局長が、飲んだくれオヤジで、しかもほとんど出勤してこないのである。

少し補足すると、ガーナには、二十余種目のスポーツの連盟が設立されており、スポーツカウンシルの職員が各連盟の事務局長に任命されている。サッカーのような国民的関心の高いスポーツを除いて、普通はひとりの職員がいくつもの連盟を掛け持つ。

野球連盟の事務局長は、ほかに柔道連盟の事務局長を兼任している。このアサモア事務局長は、各スポーツの事務局長の中で、最もたちが悪いと言われていた。彼はジョー＝クワテンなどの上司たちよりも年輩なのである。ガーナでは、年長者を敬う慣習があり、年下の上司たちは、面と向かってアサモアを批判できない。それをいいことに、今日は身体の調子が悪いといっては、何日も出勤しない。病気の場合は、いくら休んでも有給で、しかも際限なく休めるようなのだ。

野球連盟の委員のひとりとして、私は機会のあるごとに三つの申し入れをしていた。
① 野球隊員のための住居費用の予算確保。

② 翌年に控えたオリンピック予選に野球チームが出場した場合の旅費などの予算化。
③ 野球連盟の強化。
このうち、三番目の申し入れ事項は、暗にアサモア事務局長の更迭と新しい事務局長の任命を意味していた。

私はあるときは口頭で、あるときは手紙で、とにかくしつこいくらいにこの三つのポイントを訴え続けた。


平成十年十二月、ひとつのうれしいニュースがあった。

毎年「世界少年野球フェア」という催しが日本で行われている。これは、日米のかつてのホームラン王、王貞治とハンク＝アーロンが提唱して始まったもので、毎年世界二十数カ国から五人ずつ少年少女を招き、盛大な国際少年野球教室を開催しているのである。アフリカからは、南アフリカ、ジンバブエ、ナイジェリアなどの国から少年たちが日本に招かれていた。

私は、この年の夏に一時帰国をした際、道具、資金集めのかたわら、この野球フェアの主催者である「世界少年野球推進財団」に通い、ガーナから子供たちを招いてほしいとお願いした。

野球をやると、日本に行ける、というのは、野球をやっている子供たち、これからやる子供たちに大きな夢を与えられる。野球の普及活動に大きなインパクトを与えることができる。

なんとか、ガーナから子供を送りたい！

このときは、財団トップの藤田元司専務理事（元巨人軍監督）に直接面会して頭を下げ、「なんとかしましょう」との言葉をもらっていたが、約束どおり十二月に正式な招聘通知がガーナに届いたのである。

これは嬉しかった。が、同時に、大きな不安が私を襲った。

五人の子供をガーナから遠い外国、日本に送る。この事務手続きは、慎重に確実に、かつ迅速に行わなければならない。それを誰がやるのだ？　私がやりたいところだが、そうもいかない。これは、野球連盟がやるべきことなのだ。これまでろくに仕事をしていないアサモア事務局長に期待できるわけがない！

つい感情的になってしまうのには訳がある。実はアサモア氏の怠慢のせいで、あやうくこの招聘通知は、闇に埋もれるところだった。この通知は十二月十五日に届いていたが、実際通知が来ていることを確認したのは年明けの一月十日だった。なんと、この通知は、アサモアの机の上に積みあがっている書類のなかに埋もれていた。アサモアがこの期間全く出勤していなかったからである。この通知は、一月十五日までに東京に返事を出さなければならないと書かれていた。たまたま、同じ事務局の事務室を使用している柔道連盟の人が「日本から書類が来ている」と知らせてくれたからわかったのである。

このままではいけない！

私は、前述申し入れ事項の優先順位第三位、「野球連盟改革」アサモアの更迭を一気に最重要課題として、スポーツカウンシルに乗り込んだ。

気迫の申し入れ

「ジョー＝クワテンさん、今日こそは真剣な検討をお願いしたい」

いつになく険しい顔で迫っていたであろう私の迫力に気おされるジョー＝クワテン。

私は、世界少年野球フェアのこと、その招聘通知が埋もれそうになっていたことを話した。

「そういうわけで、今後事務手続きをしっかりやらなければならないんです。」

だからアサモア事務局長をクビにして、違う人間に替えてください、なんてことは、外国人である私は、口が裂けても言ってはいけない。内政干渉になってしまう。

「ところで、この野球フェアには、五人の子供たちを引率する人（ガーナ人）も、付き添いとして日本に招かれます」

「ほう」

「今年はガーナにとって初めての招聘ですが、今回の付き添い人の役割は極めて重要です。今年だけでなく、来年以降もガーナの枠を確保してもらうために、きちんとした人が、日本で主催者と交渉しなければなりません」

じっと私の言葉に耳をかたむけるジョー＝クワテン氏に、私はひと呼吸おいて言う。

「そのためには、ジョー＝クワテンさん、あなたが最もふさわしい。あなたしかこの重要な役割をこなせる人はいないと思います」

私は、一瞬目を輝かせた彼の表情を見て、心の中でにやりと笑った。

「しかし、私は忙しいからな」

と、ジョー＝クワテン。きたきた！　とりあえず建て前トーク！　この反応は非常に日本的で、親近感を感じるところである。

「お忙しいのは承知しています。ですが、今年だけでなく、今後のことを考えてください。今年はそれなりの肩書きを持つ方がいくべきです」

「うむ……」

まんざらではない表情だ。もうひと押し！

「本来はアサモア事務局長が行くべきでしょう。しかし彼には健康上の不安があります」

アサモアがほんとは単なるさぼり屋であることはお互い承知しているのだが。

「ミスター・トモナリ、よくわかった。誰が付き添い人として行くかは、今後内部で決めることにする。私か、あるいは私の補佐が行くことになるかもしれない」

「ありがとうございます。しかし、先ほど申し上げたアサモア事務局長については、今後の事務手続きのことを考えると、非常に不安です。病院に行っていたからビザの申請が遅れた、なんてことは通用しません。誰か事務の補佐をつけることはできないのでしょうか？」

回りくどい言い方だが、補佐なんてつくわけがないのだから、これは、「アサモアをかえろ」と言っていることと同義である。

「君の問題意識はよくわかっているよ」

「今年は、南アフリカ・ヨハネスブルグでのオリンピック予選もあります。事務局長の役割は重要であり、かつ多忙になるものと思われます。どうか、最良の対応をお願いします」

非常に有意義な会談であった。野球隊員の住居の件も、結局は野球連盟の事務局長がしっかりしなければ先に進まない。

この会談のあった次の日の夜遅く、私は会社の帰りに、近所に住むナショナルチームのキャンプテン・ケイケイの家に立ち寄り、相談をした。

「ケイケイ、昨日ジョー＝クワテンに会って、熱烈に申し入れをしたよ」

ケイケイとは、これまで何度か一緒に野球連盟やジョー＝クワテンのところに行って二人で申し入れをしている。

実は一年ほど前、アサモア更迭の話が具体的に進んだことがあった。ジョー＝クワテンが、我々に、各種スポーツ連盟の人材採用リストを提示した。五、六人名前が記入されているリストを見ている私とケイケイに、この中から採用した人を新しく野球などの連盟事務局長に任命するといった。しかしその後一向に話が進まなかったのである。

「ケイケイ、ああは言ったものの、適任者がいるのかね。それが心配だよ」

「ミスター・トモナリ。いい人がいます。今バスケット連盟の事務局長をやっているアレックスです。彼は、とても真面目で、いつも朝早く事務所に来て仕事をしています。ほかにサイクリングとネットボールを担当していますが、バスケット以外はあってないようなスポーツですから、兼任が可能です」

「そうか、じゃあ、アレックスに会ってみよう」

スポーツカウンシルに長いあいだ出入りしていたケイケイの情報は確実だろう。

翌日の昼休み。ケイケイがスポーツカウンシルで私にアレックスを紹介した。私は、ちょっと出っ歯で親しみやすそうな、三十八歳のやや小太りの彼に訊く。

「ところで、野球に興味はある？」

「野球は知らないけど、興味はある」

「そう。野球はいいぞ。将来性があるから。ガーナの野球は、近い将来、サッカーを抜いて、ガーナを代表するスポーツになる。なにしろ、アフリカ以外の世界で、最も注目されているスポーツだからな（ちょっと大袈裟か？）。野球連盟の事務局長になれば、世界少年野球フェアの付き添いで日本に行けるかもしれないし、オリンピック予選で、南アフリカにも行ける。でも、その分忙しいし、きっちり仕事をやらなければならない」

「俺は、誰よりも仕事はまじめにやるよ。日本には行ってみたい。野球をやってみたい」

「いや、別にプレーはしなくていいから。じゃあ、ジョー＝クワテンにあなたのことを推薦していいかい？」

「もちろん！」

そんなわけで、その翌日、ナショナルチームキャプテン及び野球連盟委員のケイケイの名前でレターをジョー＝クワテンに出した。

「ミスター・トモナリ。でも、正直いって、これだけでは不安です。スポーツカウンシルは動きません」

「そうだな、ケイケイ。去年もずいぶんいろいろやって、新しい事務局長候補者リストまで見せてもらったけど、その後何も動きがなかったもんな」

「官僚は、動きが鈍すぎる！　何かひとつでもことを起こすのに、何年もかかる。これじゃあ、事務局長が着任するころには、オリンピック予選が終わっています」

「今年は、世界少年野球フェアもあるし、協力隊員の要請手続きもある。きちんと仕事ができる事務局長が絶対必要だ。それも、すぐに」

しばし、会話が途切れた。ケイケイは、これまで、私が来る何年も前から野球連盟に入り込み、野球の普及発展活動のために、数々の申し入れをするなど努力してきている。それだけに、いかに野球連盟、スポーツカウンシルが動かない組織か、身をもって経験しているのである。

「よし、もうタイムリミットだ。これ以上待っていられない。スポーツ省のメンサ大臣に直談判しよう。ケイケイ、アポイントをとるから、一緒に来い」

「イエス、サー！」

私は、かつて一度、ナショナルチームの監督として、ケイケイとともに大臣に呼ばれたことがあった。このときとばかり、野球がいかにすばらしいスポーツか、アフリカではあまり普及していないので、早く始めればアフリカの野球大国になれる、などとアピールするつもりだった。しかし、突如大統領府から電話が入り、大臣は急遽大統領に会いにいってしまったため、話が途中で終わってしまったのである。

またチャンスはあるだろうか？　いかにナショナルチームの監督とはいえ、当たり前だが、そうそう大臣には会えない。

大臣に直訴したい。

その方法を模索していたとき、思わぬ身近な人が助けてくれた。それは、私が勤務するジャイカ・ガーナ事務所のガーナ人スタッフ、ラビである。私と年齢が近く、イスラム教徒ながらクリスマスが好きでおしゃれな彼女は、その高い交渉能力から、ガーナ政府との折衝において、ジャイカ事務所の切り札的な存在であった。同時に、プライベートでは、私の野球に関する活動を理解し、応援してくれている、私の大事な友人でもある。

ある日、ラビと一緒に外出する機会があり、道中、野球の件で大臣に直訴がしたいというような話をした。

「ミスター・トモナリ。スポーツ省には、知ってる人はいませんが、交渉してみましょうか？」

「そうか、どうもありがとう。業務時間外で、もしチャンスがあったら、よろしく頼むよ」

その数日後。さすが役人づきあいに手慣れているラビである。あっけなく、大臣とのアポイントを一月下旬にとった。それも会社の業務に支障がないよう、私の昼休みの時間内に設定されていた。

大臣直訴

大臣面会を数日後に控えた一月下旬。待ちに待ったビッグニュースが入る。

一九九九年九月に南アフリカで行われるオリンピックの野球アフリカ予選に、ガーナの出場が決まったとの報がアフリカ野球連盟からあった。予定されていた西アフリカ地区予選が、いつの間にかなくなっているところがいかにもアフリカ風。どうやらこれまでの国際試合の実績でナイジェリアと共にガーナが選出されたということらしい。

四年に一度、アフリカ五十ヶ国以上が集い、いろんな競技が行われるアフリカのスポーツの祭典「オールアフリカゲーム」。野球も種目の中のひとつである。

これで、待ったなしだ。いかにガーナが予選出場権を得たとしても、国に出場が認められなければ予選には参加できない。ガーナ野球連盟には、必要な諸手続を確実に実行してもらわなければならないのだ。

いずれにせよ、予選出場決定の報は、大臣へのいい土産話になる。

一月下旬。いよいよスポーツ省大臣と面会である。メンサ大臣は、軍人あがりの役人で、正式名称「青年スポーツ省」の大臣に、大統領によって任命されている。身長はゆうに百八十センチを超え、大きな身体で威風堂々としている。ゆっくりした語り口調は、大物然とし、頼りがいのある雰囲気である。

ケイケイを伴って大臣室に入ると、なんとすでに、ジョー＝クワテンだけでなく、スポーツカウンシルのブロック会長まで座っていた。いつもは偉そうな二人が、大臣の執務机の前の椅子に、借りてきたネコのように緊張して座っている。

おかしいな。この二人には声をかけていなかったのに。でも、これは好都合だ。

大きな部屋の壁には、大統領の写真。クーラーがきいた部屋の大きさは二十畳くらいはあろうか。ふかふかの赤色系のじゅうたんが、重厚感を醸《かも》し出している。執務机に座っている大臣から、机をはさんで真ん前の椅子に座るように勧められ、ケイケイを隣にして座った。大臣の前に四人が一列に並んで座る形になった。なにしろ、大きな部屋に、大きな身体の大臣がどんと座っている。隣にいるケイケイも、所在なさげだ。

しかし、私はひるんでいる場合ではない。ガーナの野球の将来をかけて、一世一代の熱弁をふるった。

「大臣。今日はお忙しい中、お時間をいただきありがとうございます。本日は、ガーナのスポーツの発展にとって非常に重要なお話をさせていただきたく存じます」

「スポーツの発展？　野球の話ではないのかね」

「はい。ガーナのスポーツ省は、サッカー以外のスポーツを盛んにし、多様化をはかることを政策に掲げているやに聞いております」

「そのとおりだ」

「野球は、今、世界的に広がりをみせているスポーツですが、アフリカでは、まだマイナースポーツです。世界的スポーツとなりつつある野球を、いち早くガーナが取り入れれば、アフリカですぐにトップレベルになれます。そうすればガーナ国民に受け入れられやすくなる可能性が高くなります。国民は、自国の強いスポーツを好みます。野球はガーナでサッカーと並ぶ二大スポーツとなる可能性を秘めているのです。ガーナのスポーツがいつまでもサッカーだけであってはなりません」

「うむ」

ガーナ人は議論好きで、演説し始めると止まらない人が多い。このときの私は、まさにガーナ人である。大きな背もたれに大きな身体をあずけ、微動だにしない大臣を尻目に、滔々《とうとう》と野球の可能性を訴える。

そして、まず私は、オリンピックアフリカ予選に出場が決まったことを報告した。

「我がガーナ・ナショナル野球チームは、素質ある選手を鍛え、実力が目に見えて向上しております。新聞報道ですでにご承知かもしれませんが、これまでアフリカ第二位の強豪ナイジェリアを相手に、四試合の国際試合を行いました。やればやるほど、彼らとの差は縮まっています」

「ほう、ナイジェリアを相手にか」

大臣の口調がちょっと変化した。明らかに興味を示し始めた。ここで私は、まず、遠征費用を少しでもお願いしようと試みた。

「オリンピック予選となるオールアフリカゲーム南アフリカ大会では、ガーナは台風の目となって暴れます。野球は予選初出場ですから、オリンピックへは簡単に行けないと思いますが、オールアフリカゲームでメダルをとれる可能性は高いと思います。ですから、ぜひ、遠征費用の予算を……」

私がまだ話をしている途中で、突如メンサ大臣は、ブロック・スポーツカウンシル会長に向かって聞いた。

「オールアフリカゲームの出場種目に野球は入っているのか？」

「いえ、入っていません」

「では、追加で入れておきなさい」

「イエス、サー」

すかさず敬礼せんばかりの勢いで回答するブロック会長。

これはどういうことだ？

「メンサ大臣。それは、野球のナショナルチームの大会参加を許可していただくということですか？」

「うむ。そうだ」

思いがけずあっさりすごいことを告げるので、私は不覚にもあわててしまった。

「あ、ありがとうございます！　でも、実は、野球というのは人数が多くて。一チームに二十人以上は必要なんですが」

「君が心配する必要はない。それはこっちで考える」

なんだなんだ？　それはもしや、遠征費用は、すべてガーナ政府が負担するということなのか？

一時帰国で集めた遠征費用。もし、ガーナ政府が負担するのであれば、これをチームの強化費用や野球の普及活動など、もっと違う目的に使える！

隣に座っているケイケイを見た。目が合うと、ケイケイはにやっと笑った。

私は心の中で、ジャンピングガッツポーズをしたが、まだ、喜ぶのは早い。

「大臣、ありがとうございます。どうぞ、我がナショナル野球チームにご期待ください。しかし、チームの強化のためには、野球の普及活動が必要です」

私は、続いて野球隊員の住居費用の予算措置をお願いしようとした。

「以前、大臣には一度ブロック会長を通じてお願いをし、許可をいただいています。三月の終わりには隊員が赴任する予定です。それまでに住居費用を確保していただきたいのです」

「いくらくらいなんだ？」

「ジャイカ事務所が、最高百五十ドルまで負担できる制度があります。できれば、折半として欲しいのです」

「うむ、わかった」

大臣は、ブロック会長に目配せした。小さくうなずく、ブロック会長。よしよし、予想以上に順調な展開だ。隊員の住居の件は、これまですでにジョー＝クワテンにさんざんお願いしており、だめ押しのようなものだ。

さあ、ここからが、本番である。

「ところで、大臣、ご存知ですか？　今、ちまたでは、ナショナルチームの活躍が知られつつあり、その影響もあって、野球を始める子供たちが増えています」

「ほう」

「その子供たちに大きなプレゼントがあるんです」

私は、世界少年野球フェアのことを大臣に説明した。

「……ということで、今年の八月には、五人の子供をガーナから日本に送れるのです」

「それはいい話だ」

「しかし、大事なことは、これを今年だけで終わらせないことです」

「ん？　どういう意味だね？」

「来年以降、またガーナが招聘対象国として選ばれるためには、今年、少年たちを送る手続きをきちんとする必要があります。どたばたして問題でも起こしたら、来年以降は招かれなくなるかもしれません」

ケイケイは、横でしきりにうなずいている。

「そこで」

私は、声のトーンを上げた。

「大事なのは、野球連盟の強化です」

ついに本日の会談の核心である。大臣は表情を変えず、足を組んでいすの背もたれに体を預けたまま、黙って私を見つめている。

「これまで、ブロック会長や、ジョー＝クワテン氏がバックアップしてくれていましたが、今年は、オリンピックへの挑戦、世界少年野球フェアへの参加と、大きく状況が変わろうとしています」

そばで相変わらずかしこまって聞いている二人を持ち上げつつ、さらにもう一段トーンを上げて力強く言い切った。

「今年は、ガーナの野球の将来を決める重要な年です。大臣、何とぞ野球連盟強化につき、ご配慮ください！」

決まった！　今回の大臣面会は、前回と違い、私が言いたいことをすべて言えた。ボールを大臣に投げることができたのである。

すると、メンサ大臣は、すぐにそれを打ち返してきた。

「ケイケイ、君は野球連盟の委員だったな」

「イエス、サー」

緊張して答えるケイケイ。

「野球連盟を一新しなさい。すぐに新しい委員のメンバーリストを作るんだ」

「イエス、サー」

うっ！　ち、違う。替えて欲しいのは、野球連盟の委員ではなく、事務局長なのだ。

動揺しているうちにタイムアップ。最後の最後で、大臣にとんでもない勘違いをさせてしまった。

しかし、アサモアをアレックスに替えろ、なんて具体的なことはこの場ではもちろん言えない。

席を立ち、ケイケイと大臣室を後にした。部屋を出たところで、ジョー＝クワテンに、「大臣のアポイントをとるときは、事前に俺と相談しろ！　勝手なことをするなっ！」と小言をいわれたが、落胆しきった私は、返す力もない。

すると、私が落ち込む理由を何も言わずともわかっているケイケイが慰めてくれた。

「ミスター・トモナリ。大丈夫ですよ。あれだけでも、スポーツカウンシルには、大きなプレッシャーになってますよ。なんせ大臣が問題を認識したんですから。アサモアを替えなければどうしようもないことは、スポーツカウンシルはよくわかっています」

「そうかなあ」

それから半月。ケイケイが私のところにやってきて得意気に言う。

「ミスタートモナリ、新聞を見ましたか？」

「えっ？　何か書いてあるのか？」

「野球連盟に関する記事が載っているんです」

新聞には、新しい野球連盟のメンバーが書かれていた。実は、連盟会長が交代したことが中心の記事だったのだが、私を含む委員全員の名前がそこに書かれており、その一番下に、新事務局長の名前もあった。アレックス・アジェイである。

「やった！」

ジョー＝クワテンも事前に教えてくれればいいのに、いきなり新聞で知らせるなんて。

とにかく、これで、大臣は我々ナショナル野球チームの要望を全面的に受け入れてくれたのである。

私は早速お礼を言うためジョー＝クワテンのところに行ったあと、アレックスに会った。

「おめでとう。これで、晴れて、野球連盟の新事務局長だ。これからよろしく頼むよ」

私の差し出す手をニコニコしながら力強く握り返すアレックス。
オリンピック予選まで残すところ七ヶ月。ガーナの野球が大きく飛躍するための野球連盟の実施体制が、ようやく整った。

野球隊員と歴史的勝利

ガーナの一年のなかで最も暑く、湿気もあって一番過ごしにくい四月。待ちに待った青年海外協力隊の野球隊員が赴任した。身長百七十五センチと私より一回り大きながっちりした体格の彼の名前は、堤尚彦。大学野球経験者である彼は、実は南部アフリカにあるジンバブエという国で、三年間野球隊員をやっていた協力隊経験者である。即戦力が欲しい、というガーナ野球連盟の要望に、ジャイカが応えてくれたのだ。ちなみに、ガーナ野球連盟のアレックス事務局長は、懸案だった住居を確保し、提供した。

赴任早々、彼の活躍は始まる。ナショナルチームの選手たちとともに、日中朝から晩まで、小学校、中学校、高校を回り、学校の先生と交渉し、次々に野球部を創部していく。その目覚ましい成果は数字となって表れる。赴任した四月から約三ヶ月で、三十校を越える学校に野球チームができ、五百人を超える少年少女たちが野球をやるようになった。

彼のスケジュールは超人的だ。平日は学校回り、土、日はナショナルチームの練習の手伝いと、休む暇がない。しかし、彼が加わったことによって、ナショナルチームの練習はさらに効率が上がった。

このころのガーナ・ナショナルチームは、以前よりかなりレベルアップしていた。

平成十一年五月。ガーナの野球にとって、歴史的な日々が訪れる。

まずは、五月二十二日。ガーナの東隣の国、トーゴのナショナル野球チームとの国際親善試合が行われた。ガーナ以上に野球の歴史が浅いトーゴを、ガーナのホームグラウンドに迎えての初対戦である。初めて見るトーゴチームは、試合前の練習からして、格下であることは明白だった。

これはどう見ても勝てる！

試合前のミーティングで、私は、選手たちにこの試合のテーマを伝えることにした。

「みんな、トーゴチームの練習を見たか？　どう思う？」

「俺たちのほうが絶対うまいと思います！」

「負けるわけがない！」

私の問いかけに自信に満ちた回答をする選手たち。

「そうだろう。俺もそう思う。でも、今日のテーマは、全力プレーだ。常に全力で、徹底的に容赦なくトーゴをたたきのめす。何点差が開こうが、相手のミスをつき、点をとる。そして、一点もやらない」

じっと聞き入る真剣な表情の選手たち。

「これは、親善試合ではあるけど、貴重な国際試合だ。今日の試合は、南アフリカ大会、オリンピック予選だと思って戦うことにする」

ここで、ジンバブエの野球隊員時代にオリンピック予選のルールを知っていた堤隊員が全員に説明した。四年前、ジンバブエの首都ハラレで行われた予選では、勝率が同じ場合は、得失点差により順位が決まったこと。参加チームは八チームだから、勝率が同じになるケースが多いこと。

私が再び言う。

「だから、今日のテーマは、得失点差だ。いかに大差で勝つか。常に気を抜かず、次の塁を虎視眈々《こしたんたん》と狙え。守備では、四球は出すな。一点をやらない守備をしろ！」

「イエス、サー！」

「そして、もうひとつ」と、大声で私。

「トーゴ戦、それから、翌週のナイジェリア戦。この試合の結果で、オリンピック予選に参加するガーナ・ナショナル野球チームの代表候補選手を選考する」

「イエス、サー！」

久しぶりにナショナルチームのユニフォームをまとった選手たちが気勢をあげる。

試合は、まさに意図したとおり、もうガーナチームのやりたい放題であった。初回の大量得点にはじまり、毎回得点を重ねながら、どん欲に点を取り続ける。守っては、先発したジョシュアが好投する。

何よりの収穫は、最後まで集中力が欠けないことだった。ベンチの選手も一体となって声が出る。終わってみれば、三十九対二。まさに容赦ない、ほとんど弱いものいじめ状態だったが、指揮官としては、テーマどおりの試合運びとなり、満足だった。

そして、なによりも、これは、ガーナ・ナショナル野球チーム国際試合初勝利である！

翌日の第二試合も、またも容赦なく、三十三対四と大差で下した。この歴史的な試合結果は、地元の新聞記事にも大々的に紹介された。

そして、さらに歴史的な勝利の日が五月二十九日。三たび、強豪ナイジェリアとの国際試合、GNカップである。

GNカップは、前年八月に初めて行ったあと、第二回大会が同年暮れに、ナイジェリアに遠征して行われた。このとき私は仕事の都合でガーナに残り、社領が代わりにチームの指揮をとったが、結果は二連敗。しかし、一試合目は大敗だったものの、二試合目は終盤まで接戦を演じることができた。

GNカップは、ガーナの四連敗。しかし、差は着実に縮まって迎えた第三回GNカップである。

このころ、ジミーを抜いて、エースとなりつつあった、ショートのジョシュアが先発した第一戦。この試合を、十三対十二で、ついに勝利した。オリンピックアフリカ予選は、三時間を超えた試合では、次のイニングには入らない、というルールにしたがって行ったこの試合、八回を終わったところで、ガーナの勝利が確定した。

選手たちは、それはもう上を下への大騒ぎである。

そして、この試合がフロックではないことは、翌日の第二試合が証明した。この試合は負けたのだが、スコアは十二対十四。序盤に点差をつけられたが、粘って終盤ばん回し、あと一歩まで追い上げた結果の惜敗だった。


恒例のGNカップ試合後の交流パーティー。ナイジェリアの監督が私に言った。

「ミスター・トモナリ。ガーナは強くなったですね。これなら、ヨハネスブルグの予選でもいい線いけると思いますよ。今回のナイジェリアチームはベストメンバーではなかったけど、ヨハネスブルグの予選では、全力でいきますよ」

ナイジェリアが、ガーナを認めた！　これまで、ともすると、二軍の選手を出していたナイジェリアが、それでは勝てない、と認識したのである。

私は嬉しかった反面、「本番で油断させるために、勝たないほうがよかったかな？」と、ちょっと思ったりもした。人間、欲は尽きないものである。

走れ、ディージェイズ！

七月になると、野球連盟事務局長のアレックスは多忙を極めていた。オリンピック予選の手続きに加え、世界少年野球フェアの子供たちに付き添って八月には日本に行かなければならない。そんなわけで、ケイケイが一緒になって、手続きを進めていた。

しかし、これら事務処理はすべて後手後手となり、常に綱渡りを強いられた。パスポートの申請、ビザの手続き、選手名簿の作成、南アフリカ野球連盟との連絡。

そのなかでも、肝を冷やしたのは、南アフリカ大会の大会事務局に選手たちの写真を六枚ずつ、大至急送付しなければならなかったことである。その裏には、ひとつのドラマがあった。

ある土、日の練習に参加した選手たちには、次の水曜日にスポーツカウンシルで写真撮影をすることを伝えたのだが、その両日の練習に参加できず、写真を撮らなければならないことを知らないレギュラークラスの選手たちがいた。ガーナの第二都市、首都アクラから約三百キロ離れたクマシのさらに北方の町にある大学に通う四人の選手である。彼らは、学校の試験のため、アクラに上京して練習することができなかった。しかし、写真は大至急必要なのである。誰かをはるばるクマシに送って、彼らを探し出してつかまえ、写真を撮らせ、持って帰ってこなければならない。

今日は月曜日。明日の火曜日の早朝には遅くともアクラを出発しないと、水曜日には間に合わない。

しかし、一刻を争うこのとき、この任務を確実にこなせる信頼できる人間がいない。ケイケイはアレックスと一緒にあらゆる手続きに関わっており、アクラを離れることはできない。連絡がとれるほかの選手にあたったが、よりによってこんなときにいつも元気な選手が病気になっていたり、無職で暇なはずの選手が行方不明だったり。そのほかの選手たちには連絡をとりたくても、電話がないので手段がない。

日はとっくに暮れ、もう夜の九時である。いよいよ時間がない。もう誰もいないのか？

「ディージェイズがクマシの選手たちの場所を知っていると思います」

膝《ひざ》を傷めて休養中のポールが教えてくれた。

ディージェイズという選手は、古くからのチームメンバーで、主にセカンドを守る。パワーはあるものの、身体が固く、不器用。ナショナル野球チームのメンバーとしては、実力的に物足りない。しかし、野球の普及活動には熱心で、アクラ初の高校野球部ＡＴＴＣではコーチとしてポールと共に熱心に指導していた。

彼は、本当に野球が好きなのだろう。ナショナルチームの練習には、自分が二軍選手扱いをされていても、熱心に参加していた。

しかし、このころ内々に決めていた代表選手十八人の候補には入っていない。南アフリカに行けない見込みが高い選手に、行ける選手の写真を撮ってくるため、遠路、悪路をクマシまで行かせるのか。

残酷な話だ。

だが、もう、ディージェイズしかいない。選択肢は、ないのだ。

取るものもとりあえず、堤隊員、ポールとともにディージェイズの家にいくと、広めの一軒家の自宅の庭に、彼は母親や兄妹らと談笑していた。街灯の光で、庭内は薄明るい。彼の姿を見つけるやいなや、早速私は、許可も得ずに、ディージェイズの自宅の門を勝手に開けて入っていく。

「ディージェイズ。ちょっと話したいことがあるんだ。相談というか、お願いごとというか……」

勢いつけて入って行ったものの、いざ彼を目の前にすると、思わず言いよどんでしまう。それでもなんとか切り出したが、突然の監督の来訪にディージェイズもびっくりしているようだった。

「どうしたんですか?」

「いや、実は……」

大至急クマシの選手たちの写真が必要だ。明日朝一番で出て、現地で彼らを探し出し、ガーナでは数少ない、その場でフィルムを現像できる場所を見つけて写真を撮って、その日のうちにアクラに持って帰ってきてほしい。

私は、それが南アフリカ大会の参加者のための手続きだとは言わなかった。そう言ってしまえば、写真をとらないディージェイズに、「君は選ばれていないんだよ」と宣告するのも同然だからだ。

ディージェイズは、じっと私の話を聞いていた。

「で、出発は、明日、なんですか?」

「明後日、水曜日の朝、写真を提出しなければならないから、明日中にアクラに帰って来る必要がある。だから、明日早朝、午前四時か五時のバスで出発してほしいんだ」

下をうつむき、寡黙になるディージェイズ。突然、監督からの訳のわからない過酷な旅の依頼。私より頭一つ高く、がっちりした大きな身体が、しばし動かない。街灯の光が彼の短く刈り上げた前頭部を照らす。

重苦しい空気があたりを包む。ちょっと離れて立っている堤もポールも、我々二人をうつむき加減に見守っている。

しかし、ほどなく顔を上げたディージェイズは、表情を変えず、そして力強く言った。

「オーケー、サー。僕が行きます」

「行ってくれるのか？」

「行きます」

凛《りん》としてきっぱり言い切るディージェイズの顔を見ながら、私は思わず彼の手を両手で握った。

「ありがとう。助かる」

彼は翌日火曜日早朝、アクラを出発し、バスで片道五時間かけ、きっちり業務を終えて、夜に帰ってきた。写真が届いたことの報告を堤隊員から自宅で受けた私は、ほっとして彼に言った。

「本当に助かった。ディージェイズも、ほかでもない、俺からのお願いで、断わり難かったのかもしれないしな。よく行ってくれたよ」

「いや、その話なんですけどね。ポールから聞いたんですけど、ディージェイズはどうやら自分が南アフリカ予選に行けないことは、前からわかっていたみたいですよ」

「えっ？」

「自分は、実力的には無理だから、もう練習には行かないと言ってたらしいです」

「確かに、最近は練習を休みがちだったけど……。それなのに、クマシに行ってくれたのか！」

「写真を撮ることが代表選手の手続きのためだということも全部承知していたみたいです」

彼との自宅でのやりとりが脳裏に浮かぶ。なんて心の大きな人間なのだろう。

「友成さん、こういうことがあると、チームは強くなりますよ」

高校野球チームの監督経験者の堤は、しみじみと言う。

往復六百キロ以上の強行軍を、ひとことも文句を言わず、チームのために、一人でこなしてくれたディージェイズ。

感動させるじゃないか。

ガーナ・ナショナル野球チームは、縁の下の力持ちの努力で、また一歩、夢に近づいた。

野球漬け計画

ナショナルチームと出会って、二年七ヶ月。目標にしてきたオリンピック予選を翌月九月に控え、私は感慨に耽《ふけ》っていた。

最初はぼろぼろだったチーム。日本式練習を取り入れ、社領が合流。道具をそろえ、慶彦がコーチに来る。野球隊員の堤が着任し、学校への野球普及活動が本格的に始まる。国際試合を八試合こなし、野球連盟の体制も整備強化され、選手たちと出会い、選手たちも成長してきた。そして、夢にまでみた、オリンピックアフリカ予選に出場。選手たちと出会い、シドニーオリンピックを目指そう、と一致団結して始めたチームだったが、現実的な目標は、オリンピックアフリカ予選への出場だった。

私の中では、オリンピック予選の出場が決まった時点で「目標達成」だったのである。

しかし、状況は変わった。もし、チームが弱いままだったら、「参加することに意義がある」となっただろう。

だが、いまやガーナは、アフリカ二位のナイジェリアと対等な試合ができるレベルに近づいてきた。番狂わせがあるかもしれないし、予選三位までのチームには、メダルが授与される。メダルを獲得すれば、ガーナ国内に大きなアピールとなり、野球の普及活動に計り知れない効果がある。野球は筋書きのないドラマだ。何が起こるかわからない。出場する以上、ベストを尽くそう。そのための準備に全力を尽くしたい。

ナイジェリアとの国際試合に勝利したころから私はそう考え始めた。出るからには、勝つ。そのためには、選手たちにもう一段のレベルアップが必要だ。これまで、我々日本人が教えてきた野球を、今一度おさらいし、がっちり身につける必要がある。そして、さらに勝つための戦略を考え、こなせるようにしなければならない。そのためには、集中できる環境で練習をしなければならない。

そこで、予選出場直前の約一ヶ月、強化合宿（キャンプ）を行うことにした。私は、社領、堤隊員と何度か打ち合わせを行い、キャンプのメニューを作った。一ヶ月を、二つのクール（時期）にわけ、投手、守備、打撃、走塁、それぞれの練習内容を決める。前半のクールは基礎的なことをみっちりと、後半のクールは戦術的なことをみっちりと。毎週土、日は、朝早い試合を想定して、早朝から練習試合を行う。毎日の起床は朝六時半。八時から午前中いっぱい練習。午後は二時から五時過ぎまで。夜は、筋トレ、素振りなどの夜間練習をし、そのあと、毎夜ミーティング。

できあがったメニューは、細かく計画され、なかなかのものだった。ここまで考えて合宿するスポーツは、ガーナではほかにあるまい。

「俺と社領さんは、平日は会社の業務で出られないけど、堤、頼むぞ」

「はい。大丈夫です」

堤隊員は、八月は学校が夏休みで、普及活動は一時中断してるので、彼が日中の練習の指揮をとる。私と社領は、平日は会社があるので、夜間練習とミーティングからの参加となる。構想はすんなり固まった。

しかし、何か新しいことをやろうとすると、やたら時間がかかるガーナ。史上初めての「野球強化合宿」の準備には、これまでのパターンどおり、四苦八苦したことは、言うまでもない。

ガーナ流合宿法

私は、キャンプの計画を、社領、堤とまとめたあと、キャプテン・ケイケイに説明するため、我が家に呼んで打ち合わせを行った。

「ケイケイ、キャンプはこれまでの集大成だ。頑張ろう。これがキャンプのメニューだ」

私は、英文で書いたキャンプの計画表を渡して説明した。

「ところで、受け入れる学校のほうは大丈夫か？」

このキャンプは、いつも練習をしているラボネ高校のグラウンドで行い、宿泊は、学校の寮を借りることにしていた。夏期休暇期間、学校は、生徒がいなくなるので、寮を貸し出している。

「それが、問題があります。今日、学校の担当者に確認したら、寮にはすでに予約が入っているそうです」

「ええ！　それは困ったなあ」

「でも、教室なら空いているそうです」

「えっ、教室まで貸し出すのか？」

「もうすでに教室もいくつか予約が入っているらしいんですけど、まだ空きはあるらしいです」

「教室ってことは、ベッドをどこかから借りなくちゃならないな」

ケイケイは、学校からマットレスを貸す業者を紹介してもらったと言う。

「じゃあ、手配してくれ。食事は寮で食べられるんだよな？」

「それも問題なんです。ミスター・トモナリ、とてもあんなメシじゃ、選手たちは野球なんかできません」

「それは量が少ないってことか？　だったらその分料金を上乗せして量を増やしてもらったら？」

「いえ、そうじゃなくて、まずいんです」

「まずい？　そりゃ、うまいにこしたことはないけど、合宿のメシなんてそんなもんだよ。俺も日本で学生時代、合宿したけど、めしはまずかったぞ。量があればいいんだよ」

実はこれは嘘。私は大学時代の四年間、野球部の合宿所に住んでいたが、食事はうまく、質量ともに満足だった。ケイケイに納得してもらうためについた嘘である。しかし、意外にケイケイはこだわる。

「ミスター・トモナリ。あんなにまずければ、食えません。僕たちは子供じゃないんです。あれでは身体を壊してしまいます」

ケイケイは、アンビリバボーの招きで日本に野球修行に行ったとき、日本の食事が口にあわず苦労したらしい。外交官の息子でおぼっちゃんのケイケイにとって、食事は大問題なのだろう。

「じゃあ、どうすればいいんだ？」

「調理する人を探して、学校の調理室を借りて作ればいいんです。そのほうが費用も安くあがります。」

安くなるならいいかもしれないと思い、私は了承した。

しかし、翌日の夜、またケイケイが私の自宅を訪ねてきた。

「ミスター・トモナリ、だめでした。学校が調理室を貸してくれません。」

そりゃそうだろう。ほかの生徒もいるんだし。聞けば、学校の周辺の家を訪ねてお願いもしたというが、断られたらしい。

「じゃあ、我慢するしかないな」

「待ってください。出前をとることにしてはどうでしょうか」

「出前？　それは、高いんじゃないのか？」

「知り合いがグラウンドの近くでやっているところがあって、そこと話をつけられます。安くしてくれると思います」

ケイケイの食にかける執念と情熱に圧倒された私は、思わずゴーサインを出してしまった。朝、昼、晩と三食が出前となる。

それでなくても、ガーナ・ナショナル野球チームは、日本人の援助で不自由なく練習できる恵まれた環境にあった。将来日本人がいなくなっても、野球環境が激変しないようにすることが重要だと考えていた私は、なるべく、ガーナのレベルにあった環境にするよう留意していた。

……が、ま、いいか。

このキャンプは、かつてなく体力的に厳しいものになるし、食べ物のうらみは恐ろしい、とは、万国共通だろう。そういえば、高校の野球部時代に、地方で合宿をし、「こんなまずいメシで野球がやってられるかよ！」なんて、チームメートと悪態をついていた自分を思い出す。

よし、食事だけは、ちゃんと準備してやろう。

「ミスター・トモナリ。タオルと石鹸が必要です。洗剤とトイレットペーパーも」

「え？　消耗品はいいけど、タオルなんて、自分たちで持ってこいよ」

「ヨハネスブルグでは、選手村に泊まります。ほかの国の選手たちの前で、みっともないタオルは使えません。バカにされたくないですから」

「そんな見栄はってどうするよ。だめだめ、きりがないから」

「ミスター・トモナリ。これは、僕じゃなく、選手たちの要望なんです。特に大きなバスタオルは必要です。夜は腹を冷やさないように腹にまくこともできる。体調維持管理には必要です。でも、みんなバスタオルなんて持っていないんです」

　ケイケイも口がうまくなったなあ。そんなふうに言われると、ダメとはいえない。

「わかったよ。じゃあ、タオルも買おう」

「それから、重要なのはセキュリティです」

「え？　学校の中なのにか？」

「練習中は、部屋が空っぽになります。そのあいだ、部屋を閉めておく必要があるので、教室のドアにカギをつけたいんです」

　うん、それはしょうがないな。

「でも、問題は夜です。夜は、カギを閉めて寝られません。トイレにいく奴もいるだろうし」

　そりゃ、そうだ。

「だから、ウォッチマン（見張り役）をつけて欲しいんです」

見張り役だあ？

「問題は、道具なんです。バッティングマシンのような高価な機材もあります。これを盗まれたら終わりです」

バッティングマシンは、社領が一時帰国したときに、デサントにお願いして寄付してもらったもので、夏前にガーナに到着していた。キャンプのメニューで、このバッティングマシンはフル稼動することになっている。これが使えなくなることは避けたい。確かに、ガーナにはこそ泥が多い。日本の感覚では考えられないようなものが盗まれる。私の経験でも、かつて車のタイヤについているキャップだけ盗まれたことがあった。一方、ウォッチマンの費用は、そんなに高くない。一ヶ月で百ドルもしない。

「……わかった。手配しよう」

しぶしぶ納得した私に、さらにケイケイは言う。

「ミスター・トモナリ。もう一つ問題があります」

「まだあるのか？」

「選手たちは、自由時間に音楽を聞いてリラックスする必要があります。ですので、ラジカセを一台買うことが重要です」

「えーかげんにしなさい！」

ナショナルチームのプライド

そんなこんなで、堤とケイケイを中心に、買い物や教室の環境整備を行い、キャンプの準備は整った。

さあ、いよいよ明日からキャンプインだ。

今回も、選手たちの要望にこたえ、私は主に仕事を持っている選手の会社の上司を訪ね、一ヶ月のキャンプに参加させてくれるよう、依頼して回った。依頼するのはもう何回目かということもあり、どこの職場でも私の顔を見るなり笑顔で迎えてくれる。

今回は、まさに国民的関心の高い、オールアフリカゲームである。その大会に自分の職場から選手が出場するとあって、理解が得られやすかった。

キャンプイン前日夕方、宿泊場所となるラボネ高校の教室に、選手が全員集合した。参加者は、二十二人。キャンプの終盤に、十八人の代表選手を決定することにしていた。

私は、夜、会社帰りに学校に寄ってみた。選手たちは、初めての泊まり込みの合宿に興奮を隠せない様子。教室には、なんだかいろんなものが持ち込まれていた。金持ちジミーは、ラジカセやテレビを持ちこんでいる。蚊がきらいな選手のところには、蚊帳が吊ってある。バスケットボールも転がっている。そしてなぜか私の家の扇風機まである。私は、地方から土、日の練習に参加すべく上京してくる選手のため、いつしか自宅の一室を選手用に開放して宿泊所として使わせていたのだが、そこにおいてあった扇風機をちゃっかり持ってきていたのである。

私は、いつものように手を三回たたいて、選手を集め、ミーティングを始めた。

「みんな、明日からいよいよキャンプだ。このキャンプの準備は、堤とケイケイが奔走してくれた。感謝しよう」

選手たちから、拍手が起こる。

私は、改めてキャンプのメニューと規則を説明した。時間を守ること。夜は遊び歩かないこと。同じく学校を宿泊先として利用している女子校生に手を出さないこと。

そして、日当の説明。このキャンプでは、スポーツカウンシルの規定に従い、日当を払うことにした。一人一日二百五十円くらいである。これはガーナでは、そんなに悪い金額ではない。三食食事付きの待遇を考えると、貯金ができるくらいだ。しかし、朝、昼、晩、それぞれの練習メニューに欠席した場合、減額することにした。

「さあ、何か質問は？」

すると、かつて練習用ネット製作で一緒に汗を流した副キャプテンのクエノが手を挙げて話し始めた。

「俺たちは、ナショナルチームの選手です。ナショナルチームとしての扱いをしてください」

「ん？　どういう意味だ、クエノ？」

「こんな環境は、ナショナルチームのものではないです。教室の地べたにマットレスなんて、信じられません。暑いし、プライバシーもない」

クエノは、コンピューター資材を扱う会社に勤務する会社員である。キューバ帰りの彼は、ガーナではハイクラスの生活をしている部類だろう。彼の家に行ったことがあるが、部屋は大きくはないものの、ベッドはもちろん、テレビ、ビデオなどがそろい、なかなかセンスのいいインテリアであった。そんな彼からすれば、耐えられないのかもしれない。

しかし、そう考えるクエノは、実は少数派で、大部分の選手は、特に不満があるようには思えなかった。グルメのケイケイが選んだケイタリング三食付きだし、むしろ普段の生活よりいい、という選手のほうが多い。

しかし、キャンプイン前日のミーティングで、待遇についての不満が出るというのは、いただけない。納得してもらって、明日からの練習に気持ちよく臨んでもらわねば。

「クエノ、君の気持ちはよくわかるよ。俺もそう思う。この環境は確かに、ナショナルチームのものではない」

教室のなかで、輪になって私の話を聞く選手たち。クエノは、腕組みをして不満そうな顔を崩さない。

「でも、考えて欲しい。もし、我々日本人がいなかったら、君たちは、オリンピック予選に行けるどころか、ナショナルチームの存在自体認められていないだろう。今回のこのキャンプだって、スポーツカウンシルは準備、対応できなかったと思う。まだまだ、野球はガーナでは新しいスポーツなんだ」

ところどころで、うなずく選手たち。

「この悔しさを忘れちゃいけない。南アフリカのオリンピック予選でメダルをとって、見返してやろうじゃないか。そうしたら、次の大会は、もうこんな思いはしなくてすむはずだ」

図らずも、選手たちから拍手が湧く。クエノも苦笑いをみせた。しぶしぶながら納得した様子だ。そうなんだ。南アフリカの予選は、ガーナの野球がガーナで認められる大きなチャンスなんだ。それは、君たちにかかっているんだぞ。

最後に早く寝るように伝え、私は教室をあとにした。

だが、その後再び大音量でラジカセを鳴らして騒いでいる様子の選手たち。また、遠足気分に逆戻りのようだ。

ま、しょうがないか。

野球濃度九十九％

翌朝、キャンプ初日。いつも朝七時半に会社に向けて家を出る私は、三十分早く起き、グラウンドに立ち寄った。

昨夜の興奮した選手たちを思い出し、まだ寝てるのではないかと不安がよぎる。スケジュールでは、起床予定時刻は、午前六時半。七時朝食、八時練習開始である。

だが、七時過ぎにグラウンドに到着した私は、目をみはった。なんと、すでに全員練習用ユニフォームを着用し、練習用ネットを運んでいる。まだ堤も来ていないので、自主的にやっているのである。

私は、ネットを率先して運ぶポールに声をかけた。

「ポール、おはよう！　びっくりしたよ。みんなやる気があるな」

「グッドモーニング、サー！　まだ食事が来ないんですけど、準備は万端です」

「昨夜は寝不足じゃないのか？」

「はい、でも、起きられました」

見れば、みんな寝不足には見えない。てきぱきと動いている。そのうち、堤隊員が、いつものバイクに乗ってやってきた。

「堤、みんな早起きだよ、びっくりしたぜ」

「初日ですからね。興奮しているんでしょう。いつまで続くかですね」

「じゃあ、今日から大変だけど、よろしく頼むよ」

こうして、キャンプは順調にスタートした。日中の練習は、堤隊員がリードする。午前中はバッティング練習中心。投手はピッチング練習も行う。午後は守備練習。試合形式や、各種フォーメーション、ときには、紅白戦も行う。

堤隊員は、かつて高校野球の監督を務め、甲子園を目指したことがある。初めて監督を務める私と違い、大会前のチームのコンディショニングづくりには、豊富な知識があり、私自身、彼から勉強させてもらうことが多かった。

比較的しのぎやすいガーナの季節ではあるが、キャンプの中身は、ハードだった。効率良く練習をこなすが、やるべきことがいっぱいあり、どうしても長時間になってしまう。昼休みを十二時から二時間とるが、この間、昼食を食べると、ほとんど全員熟睡である。午後の練習は寝起きになるため、まず眠け覚ましのサッカーなどをやってから練習に入るので、終わりが夕方近くなる。

しかし、選手たちは、予想に反し、不平不満を言ってこなかった。これをこなせば、予選で勝てる、などと選手たちを洗脳してきたことよりも、やはりうまくなりたい、勝てるようになりたい、そして、選手として南アフリカに行きたい、という純粋な気持ちが強かったのだろう。

この時点では、まだ二十二人の選手たちが参加しており、四人が代表チームから落ちる。

さて、私と社領のキャンプでの役割は、夜の部のメニューである。

私は、会社から帰り、急いで食事をすませ、夜間練習に社領とともに合流する。まずは、教室内で筋トレ。その後は、バットを持って外に出て、素振りである。街灯の明かりの下で、社領や堤の指示に従い、黙々と、あるいは声を出して振る。夜間トレーニングは、一時間以上に及ぶこともある。

これが終わり、ミーティング。これは、私の担当である。毎日行うミーティングで、いろいろなメニューを考えた。

ルール講座。振り逃げはどんなときにできるか？　インフィールドフライの条件は？　ランナーが同じベースに二人いるとき（重塁）の処置は？

試合シミュレーション。試合の状況を想像させ、どんな策をとるべきか議論をする。五回表、四点差、ノーアウト一塁でどんなサインが出るか。守備体制は何を考えるか。そのとき、バッテリーは何を考えるべきか。九回裏、三点差で勝っていて、ノーアウト二塁、三塁。とるべき策は？　これを、選手たちに答えさせ、議論する。

ビデオ大会。選手たちを我が家に招き、日本から取り寄せたプロ野球オールスターのビデオを観戦する。前年まで高校生だった当時の西武ライオンズ新人投手・松坂のピッチングに、みんな驚嘆する。

そして、メリハリをつけるため、たまには、野球とは関係ないビデオも見せた。ビデオの内容はご想像にお任せするが、このときは、キャンプのミーティング（？）で最も盛り上がった時間だった。一％くらいは野球から離れる気分転換メニューも必要だろう。

キャンプは、そんな調子で順調に進み、日に日に野球チームらしくなっていった。

戦力外通告

さて、キャンプも打ち上げまであと一週間と迫った。最後の紅白戦の前日土曜日、いよいよ代表メンバーから落選する選手たちに、戦力外通告をしなければならない。一生懸命やってきた選手にこれを伝えるのは、非常に辛い。

私は、みんなの前で発表する前に、ひとりずつ直接事前通告をすることにした。

最初に、元レギュラーキャッチャーで肩を壊してしまったラジュー選手。練習態度が悪かったジョセフ選手。それぞれ個別に呼んで伝えていく。そして最後にサミーとイディ。キューバ帰りなるも、紅白戦などで結果を出せなかった小柄な左打ちのサミー外野手と、頑張ったが、実力が一歩及ばなかった全身筋肉の固まりのイディ外野手。

彼らが、外野で守っているところを一緒に呼び、ファールグラウンドの芝生の上に腰を下ろさせた。

「これまで、一緒にやってきたから、私も言うのがつらいのだが、実は君たちは代表チームからはずれることになる。明日以降、もう練習に来なくてもいいんだ」

サミー選手は、まだ草野球チームだった当初からのメンバーで、存在感はチームの主力、という感じである。私の話をきく彼の目に、みるみる哀愁が漂い始める。イディ選手にいたっては、目がもう真っ赤である。

つ、つらい。そんな目をしないでくれ！

「でも、君たちはチームの一員だ。無理にとは言わないが、私は、引き続き練習には出てもらい、代表選手たちの練習を手伝ってもらいたいと思っている」

チームの練習を、彼らに支えて欲しい。効率良い練習に、人手は必要だ。

夕日が柔らかく選手たちを包む。

すると、サミーが口を開いた。

「ミスター・トモナリ。僕たちは、チームのメンバーです。たとえ代表選手に選ばれなくても、キャンプの練習には、最後まで参加します」

ジーン！


これには、感動した。

ここは、多分テレビドラマだったら、思わず涙が出るところだろう。涙もろい私は、目頭が熱くなった。こいつら、本当にいいやつらだ！　一緒にやってきてよかった。

ドラマティックな展開に、一人悦に入っていたが、なにごとかサミーが言っている言葉が耳に入り、我に帰った。

「ん？　コンペンセイション？」

「そうです。コンペンセイション（補償）をお願いします」

なんだか、急にテレビのチャンネルがかわったような展開に、涙が一気に蒸発する。

「どういうことだ？　言ってることがわからないんだけど……」

「僕たちは、代表選手になるべく、一ヶ月キャンプに参加して、練習しました。その間、仕事も休んでいるんです。南アフリカに行けないのであれば、その休業した期間の補償をお願いしたい、ということです」

思いつめたような表情でじっと私を見つめる二人。ため息も出ない私。妙な静寂が我々の空間を覆う。

こいつら、きっと全く悪気がないんだろうな。当たり前のことを主張してるんだろう。決して楽ではない暮らしはわかる。二人とも、奥さんと子供を抱えて、大変なのだ。

しかし、ひとりにそういうことで考慮してしまうと、収拾がつかなくなる。キャンプ参加者全員に日当も払っているのだ。

ガーナ生活二年十ヶ月で、すっかり物わかりがよくなっていた私は、気を取り直して言った。

「心配するな。金は払えないけど、何か考えるから」

最後の紅白戦

一ヶ月に及ぶキャンプ。チーム作りの総仕上げであるが、そのねらいは技術的なものだけではない。厳しい練習を通じて培う精神力と、チームみんなでそれを乗り越える一体感こそ、チームづくりの本来の目的であるとも言える。

キャンプ終盤には、選手たちだけでなく、ナショナルチームの関係者や応援していただいた在留邦人などたくさんの方々による大壮行会も催される。ガーナ史上初めての野球チームのオリンピックチャレンジということもあり、テレビ中継までされた。

そして、最終日の練習では、選手が輪になってジュース片手に打ち上げを行った。またもやデサントからいただいた「ガーナ・ナショナルチームジャンパー」を選手たちに渡していく。代表チームからもれてしまったサミーやイディなどの選手にも渡す。暑いのに早速豪華なジャンパーを着て、とても嬉しそうな顔、顔、顔。

　さあ、いよいよ出発だ！　ヨハネスブルグでは、一致団結して頑張ろう！

「オー！」


　……ところが。

　そうは問屋がおろさないのがガーナである。

「ミスター・トモナリ。出発日が延期になりそうだ」

　壮行会が催され、八月も終わるころ、会社の昼休み時間に野球連盟に顔を出した私に、アレックスが困った顔で言う。

「え？　どういうことだ、アレックス」

「どうやら、政府の予算がおりないらしい」

「はあ？　今ごろどういうことだよ。大会は九月九日から始まるんだぞ」

「参加する人数が多すぎる、って大統領府がいちゃもんつけてきて、金が支出されないらしい。だから、航空チケットが支払えなくて、九月三日のフライトは、キャンセルされたんだ」

「なんで今ごろ！　キャンプは打ち上げちゃったぞ。そもそもオールアフリカ大会の出場は一年前からわかってたことじゃないか」

「俺に言われても困るよ、ミスター・トモナリ。とりあえず、出発は九月八日に延期になった」

「到着するのは大会前日じゃないか！」

「夜行便だから、そうだな、大会前日に到着になる」

それじゃあ、チームのコンディションが作れない。それに、いろいろ工夫して、あんなに士気を盛り上げたのに。これまでの演出が全部台無しだ。

おいおい、ほんとにこれで、南アフリカにいけるのか？


キャンプは、そんなわけで、延長することになった。それを選手たちに伝える。もう準備万端、行く気満々、壮行会やらキャンプ打ち上げやらで、大いに盛り上がった選手たちは、思いっきりはしごをはずされてしまい、すっかり拍子抜けである。

これはいかん！　このままでは、盛り下がったまま現地入りすることになってしまう。案の定、出発延期後の練習はいまひとつ覇気に欠けたものになってしまった。

最終日の九月五日、日曜日の練習が始まる。午前中、レギュラーチームと控えチームの最後の紅白戦。三回までいい試合が続く。しかし、四回以降、凡ミスが続出し始める。集中力が切れるといつもこうだ。我がチームの悪い癖である。

「ミスしたら大きな声で元気を出してカバーしろ！」

選手に同じことを繰り返し言ってきたが、この日もハンドマイクで選手全員に聞こえるように指示を与えた。その矢先。チーム最年長のベテランプレーヤー、そのときはサードを守っていた、キューバ帰りのラッソーが、簡単なフライをぽろりと落とす。

レギュラーチームを指揮し、三塁コーチャーズボックスにいた私は、すぐさま、ラッソーを呼びつけた。

「ラッソー！　そんなみっともないプレーで、南アフリカで勝てると思うのか！」

彼こそ、ムラッ気が激しいチームの象徴のような問題児である。センスもあり、何ぶん調子のいいやつなのだが、すぐに雑なプレーをする。

「年長のお前が引っ張らないで、どうするんだ、ラッソー！　みんな、お前を見ているんだぞ。」

「イエス、サー。ちょっと、ボールが見にくかったので」

「試合じゃ、言い訳なんてできないんだぞ。いつも一生懸命やるしか、俺たちは勝つ道がないんだ」

「イエス、サー！」

いつも、返事は調子いい。私は、説教したものの、半分諦めながら、三塁コーチャーズボックスに戻った。

その直後である。レギュラーチームの選手の打った打球が三遊間を抜いていく、と思った打球にラッソーが果敢に横っ飛びでこれをつかんだのである。一塁ランナーがいたので、立ち上がって二塁に送球。アウト！

ダイビングキャッチなんてめったにみせないラッソーがみせたファインプレーに、敵も味方も、歓声があがる。

あの、ラッソーが、飛んだ！

ホームグラウンドの南には海が広がる

この闘志あふれるプレーで、選手たちの士気が自然に上がる。
そうだ。闘志だ。
彼らに必要なのは、闘志だ。
南アフリカでは、彼らの闘志を引き出すように工夫しなければ。

そんなことを思いながら、そのとき、ふと、これまでのチームとの思い出の数々が私の脳裏を駆け巡る。

三年間、一緒に汗を流した選手たち。そして、このグラウンド。レフトの後方には、のどかな海が今日も青い。いつもあの海を見ながら、やってきたんだなあ。

そうか。今日は、オリンピックを目指してやってきた彼らとの、最後の練習なんだ。

気がつけば、暑いグラウンドの上で、自分の腕に鳥肌がたっていた。


その夜。キャンプも終わり、選手たちは寝泊まりしていた教室で、荷物をまとめて帰り支度を始める。

初めてのキャンプ。堤隊員が日中ずっとチームを引っ張り、私と社領も仕事の合間を縫って、できる限りのことはやった。三年間の集大成となるいいキャンプだったと言えるだろう。

すると、小柄な二塁手リッチモンドが、社領、堤隊員らと談笑していた私のところにやってきて、突然声をかけてきた。

「ミスター・トモナリ、ちょっとお話があります」

突然真面目な顔つきで話し始めたリッチモンド。

「僕たちは、このキャンプで精一杯やったと思います。うまくなりたい一心だったから、練習はつらかったけど、頑張った。そして、チームの力は、すごく向上したように思います」

キューバ帰りの彼は、クマシの大学生。まだ若いのだが、練習最後のランニングでは、いつも中心になって歌を唄い、ときにランニングの後は、そのまま踊りつづける陽気なキャラクターで、ポールと並びチームのムードメーカーでもある。

実は、当初彼は南アフリカ行き代表選手十八人からはずされていた。五月ころに肩を壊してしまったからである。だが、それでも彼は懸命に頑張り、八月のキャンプで逆転代表チーム入りを果たす。

そのリッチモンドが話を始めると、ほかの選手たちが、急に静かになった。あたりはすっかり暗い。窓の外から遠くに見える木が明るいのは、月明かりのせいか。練習の汗でむんむんとした空気が立ちこめる教室。

「こうして、キャンプができたのも、そして、南アフリカに行って、オリンピック予選に出場できるのも、日本人の方々のおかげです。感謝の気持ちを歌にして、監督、コーチに捧げたい」

そう言ってちょっと笑ったリッチモンドは、ひと呼吸おいて一人で歌い始めた。

「エマー、エマ、チュイエバ……」

ゆっくりしたリズムで歌い始めるリッチモンド。

すると、ほかの選手たちが次々と加わった。ある者はベッドに腰掛けたまま、ある者は立ち上がって。

黒人特有の、低く伸びる声が、大きな合唱となって教室に響く。

決して派手な曲調ではないし、歌詞は英語ではなく現地語なので、歌詞の意味もわからない。

だが、力強い躍動感と彼らの気持ちが、リズムに乗って伝わってくる。


そんなことするなよ。

感動しちゃうだろ。

選手たちの伸びやかな声が、私と社領、堤の三人を包み込んでいった。


みんな、頑張ろうな。

悔いの残らないよう、俺たちの、ガーナの野球をやろう。

夢の舞台へ

赤、黄色、緑。ガーナの国旗の色で染められた民族衣装っぽいユニフォームに身を包んだガーナ選手団が、南アフリカのヨハネスブルグに早朝到着した。

この四年に一度の全アフリカのスポーツ大会である、オールアフリカゲームは、今回史上最多の五十数カ国が集う、ビッグイベントである。ガーナからも、百五十人近い選手団が参加している。

それにしても、寒い！

南半球にある南アフリカ共和国は、九月といえば、まだ早春である。日本でいえば、三月上旬くらいの気温だろう。寒さ知らずのガーナ人は、初めての「寒さ」にどこまで対応できるのか？　不安がよぎり、選手たちの様子を見ると、寒さよりも眠さのほうがつらい、といった感じである。そりゃ、そうだろう。初めて飛行機に乗る選手がほとんどだったため、夜行便は、興奮した各スポーツの選手たちが大騒ぎ。飛行時間も五時間程度と、とても寝る暇もないまま、ヨハネスブルグの空港に降り立っている。

かくいう私は、有給休暇を会社からもらって参加したのだが、出発間際まで業務に追われ、深夜残業続きで寝不足が続いていたにもかかわらず、彼らのどんちゃん騒ぎでやはりほとんど眠れなかった。

到着翌日、九月十日。この日の午前中、予選が行われる野球場の近くで、明日からの試合に備えて調整練習を行うため、我々参加選手、関係者は、宿泊している選手村から、選手団専用大型バスに乗って移動した。びっくりしたことに、なんとバスに先導車としてパトカーがついている。なんでも、我々より先に入国した国のある競技チームが、バスに乗って練習場に向かう途中、強盗にあったらしく、その後急遽《きゅうきょ》すべてのバスに警備がつくようになったらしい。さすが（？）アフリカ一の犯罪都市、ヨハネスブルグである。

そして、その日の夜は、オールアフリカゲームの開会式が行われた。

会場は、ヨハネスブルグのダウンタウンにある総合スポーツスタジアム。各国の選手団は、選手村からそれぞれバスに乗って、スタジアムに向かう。ガーナ選手団は、入場行進をするために、ある有力部族の王様が着る民族衣装を全員が身にまとってバスに乗り込んだ。私と社領、堤ら日本人も、この民族衣装である。

ヨハネスブルグは、さすがにアフリカ有数の大都市だけあって、インフラが整備されている近代都市である。高層ビル街。きらめくネオン。立体交差の多い道路。いかにも西洋人がつくった町、という感じだ。

我がガーナチームの選手たちは、ヨハネスブルグのような大都会は初めてという選手たちが多く、バスの中ではしゃぎながらも、街の風景に目を奪われていたようだ。

夕方五時過ぎにスタジアムに着いた我々選手団は、スタジアムに隣接する広場にとりあえず国ごとにまとまって待つことになった。気温は十度くらいか。どんどん寒くなるうえに、ガーナの民族衣装は、もともと防寒には全く適していない。選手たちには、民族衣装の下にティーシャツを重ねて着用するよう指示を出していたが、暗くなるに連れ寒さが増していく。

これはまずい。体調を崩してしまう。

しかし、心配は無用だった。寒さを感じているのは、ガーナ人だけではなく、ほかの国の選手団も同じ。寒さ対策なのか、気分が昂揚しているからなのか、あちこちで輪になって歌と踊りが始まったのである。しかも、国籍、民族を乗り越え、いろんな国の選手同士が、肩を組みながらわいわい騒ぐ。それは素晴らしい光景だった。

アフリカは、飢餓と紛争が絶えない地域という印象があるが、ここに集まっているアフリカの青年たちに、少なくとも紛争はない。スポーツを通じて集まる、人間同士なのである。

見ているだけで、なんだか楽しくなってきた私は、寒くてたまらないということもあったが、いつの間にか魅せられるようにその輪の中に入って一緒に踊ってしまった。


そうこうしているうちに、夜の七時半になる。開会式がスタートし、入場行進が始まる。ＡＢＣ順に各国選手団が入場していく。選手団ごとに連なって、広場からスタジアムに入るまでの長い通路を進む。その待ち時間は長かった。それはすなわち、それだけ多くの選手たちが入場するということである。どれだけの選手が参加しているのだろう。そもそも、ガーナだけで百五十人くらいの選手がいる。五十カ国ということは、いったい……。

スタジアムの競技場に入場するゲートが近づいてくる。それまで仲間同士はしゃいでいた選手たちが、ゲートの向こうからもれてくるスタジアムに溢れるライトの眩しさに、ちょっと緊張した面持ち

開会式が行われたヨハネスブルグ競技場

になった。

　そして、ゲートをくぐって競技場に入った瞬間、大音量に包まれた。

　おお！　すごい規模の大会だ！

　四百メートルトラックの上を行進する各国の選手たち。民族衣装をまとったガーナ選手団が入ると、「次はガーナ！」とアナウンスがあり、大歓声に包まれる。スタジアムは、オリンピック競技場並みの大きなサイズで、日本の国立競技場と比べても、全く遜色《そんしょく》ない。その観客席には、溢れんばかりの観客が歓声を挙げている。大音量の音楽に、カラフルなライトがぐるぐる回る。そんな中を行進していくのである。その光景は、競技場のいたる所に設置されたテレビカメラが捉え、観客席の大型スクリーンにカラーで写し出される。

　そのあまりのスケールの大きさと雰囲気に、さすがに私も仰天した。まるで、オリンピックなのである。夢の中にいるようだった。

　驚きは、まだまだ続く。

　トラックを半周して、各国選手団は、観客席の一部に設けられた選手用の席に誘導された。そこで、引き続き、開会セレモニーを見ることになる。そのセレモニーは、すばらしく組織されていた。グラウンドの上では、人文字や、サーカスのようないろんなアトラクションが繰り広げられる。そして、おそらく南アフリカで有名なのであろう白人歌手が、特設されたステージの上で歌い、踊る。

その合間に主催者挨拶がある。大会事務局長と思われる恰幅のいい男性が、スタジアム中央に設営された壇の上で、マイクを握って、開口一番叫ぶ。

「ハロー、アフリカ！」

沸き上がる歓声。彼の挨拶によれば、このオールアフリカ大会は、五十カ国、五千人もの選手らが参加しているとのことである。挨拶の最後に、この大会のキャッチフレーズを叫んだ。

「AFRICA IS GATHERING！」（アフリカが集まった！）

さらに盛り上がる観衆。雰囲気はもう最高潮である。

アフリカの五十カ国から集まった人々が、今、このスタジアムに集結している。スポーツを通じて、人間は一つになれるということを実感した開会式だった。我がナショナルチームの選手たちにとって、すばらしい経験と誇りになるだろう。

だいたい、私自身、このような大きな国際大会には、全く縁のない人間だった。大学野球部時代は、公式戦に出場することなく、四年間下積みで終わった。卒業後は、会社の野球チームで、河川敷などでやる草野球を楽しむだけだった。それが、今、ガーナのナショナル野球チームを率いて、南アフリカの国際大会開会式に選手団の一員として参加しているのである。

人生、何がどうなるのか、わからないものだ。

さあ、みんな、いよいよ明日は初陣だ。ベストを尽くそう！

見えない強敵

九月十一日。我がガーナチームの初陣は、朝九時試合開始。相手は南部アフリカの小国、レソトである。

六チームで争われる野球は、まず総当たり戦を行う。上位四チームは、決勝トーナメントに進むことができる。そして、上位四チームで順位を争うことになる。準決勝で仮に破れても、三位決定戦で勝てれば、栄えある「オールアフリカゲーム」の銅メダルを獲得できる。

なんとかメダルを取りたい。

そのためには、最強の南アフリカ、強豪ナイジェリア、前回大会二位のジンバブエに次いで、四番目の座席を狙うことになるので、ウガンダ、レソトには、絶対負けるわけにはいかない。逆に言えば、この二チームに勝てれば、まず間違いなく、決勝トーナメントに行ける。

初戦の対戦相手、レソト。

レソトが強いという話は、あんまり聞いたことがない。まあ、それはお互いさまだろうが、こっちは、強豪ナイジェリアを破ったことだってあるんだ。負ける相手じゃないな。……などと、根拠なく思っていた。

ところが、思わぬ強敵がいた。

「寒さ」である。

その日は、特に寒い日だった。そのうえ、風が強い。グラウンドについたガーナの選手たちは、明らかに動きが悪い。寒いだけでなく、乾燥した気候に強い日ざしは、到着三日目の選手たちにすでに変調を与えていたようだ。顔の肌はがさがさになり、唇が切れて痛みを覚える。

高温多湿の気候のガーナからきた我々には、経験したことのない厳しい環境の中での試合だ。対するレソトは、地図を見ないとわかりづらいが、南アフリカ共和国の中に国土がある。ヨハネスブルグは、標高一千五百メートルくらいなのだが、レソトも同じくらいの標高らしい。彼らレソトチームにとって、ヨハネスブルグの気候は、地元の気候なのである。だから、この手の寒さはお手のもの。試合前からびっくりするほど動きが軽い。

しかし、体格といい、技術といい、どう見ても我がガーナチームが上である。試合が始まれば、選手の動きもよくなるだろう、とたかをくくり、エースのジョシュアを先発マウンドに送った。

だが、その読みは甘かった。

ジョシュアは、寒さで手がかじかんでしまい、ボールが手につかず、フォームもばらばら。四球を連発したうえ、野手にもエラーが続出する。一回表に四点先制され、二回にまたも追加点を与えたジョシュアは降板。二番手ピッチャー、イシュマエルを送るが状況変わらず、三回を終わって十一点を許してしまう。

しかし、試合が進むに連れ、打線が奮起。一回裏こそ〇点だったが、二回以降、小刻みに毎回得点で追い上げる。チームのムードメーカーで五番バッターのポール、「野人」がニックネームの六番バッターのシャリフにそれぞれ柵越えホームランが飛び出すなど、打線は力を発揮したが、序盤の失点が大きすぎた。

結局、十四対十八で、痛い敗戦を喫することになった。確実に勝てる相手だったはずなのに、これは痛恨の黒星だ。選手村に帰るバスのなかの選手たちは、まるで通夜のよう。それはそうだ。いきなり初戦を終えて、もう後がない。少なくとも、南アフリカ、ナイジェリア、ジンバブエの三強のうち、ひとつを倒さなければ、決勝トーナメントに進めない。

その日の夜。選手を選手村の宿舎のある部屋に集めた。

大会期間中は、毎日、夜はミーティングを行い、試合の反省と、次の試合に向けて、注意事項や戦略の確認、スターティングメンバーの発表を行う。この日のミーティングの主なテーマは、「寒さ」対策。

「みんな、今日の試合のことは忘れよう。今日はレソトに負けたんじゃない。寒さに負けたんだ。寒さを克服すれば、試合にも勝てる。そこで、寒さ対策を考えよう。」

迎えた第二戦。相手はウガンダ。大国ケニアを東アフリカ地区予選で破って、ガーナと同じオリンピック予選初出場国である。

この日は第三試合なので、試合開始は夕方四時。レソト戦のように早朝試合ではないので、時間帯からして気温は上がると思っていたが、そもそもこの日は朝から比較的暖かかった。だが、気温が下がっていく時間帯でもあるので、寒さ対策は敢行した。

前の試合が終わって、ガーナチームがベンチ入りする。そこで、突然、選手全員が布を取り出し、ベンチを囲む金網にくくりつける。この布は、開会式のとき着用した民族衣装。ケンテと呼ばれる西アフリカの織物で、広げると畳二畳分くらいになる。出来上がると、ベンチが完全に布で覆われる形になった。これは、アイデアマン堤隊員の発案だったが、相手チームに与えるインパクトとしても大きかった。少なくとも、ウガンダチームに心理的なプレッシャーを与えることに成功したように思う。続いて、宿舎から持ってきた防寒用の毛布を取り出し、ベンチに置く。近くのクラブハウスからポットを借りてきて、温かい飲み物が飲めるよう用意をする。選手たちは、長そでのアンダーシャツを重ね着。ソックスまで重ねて履いている者も。もちろん、試合前の準備運動には、いつもの倍以上の時間をかけたことは言うまでもない。

皮肉にも、結局この日は、気温がそれほど下がらなかったが、万全の準備を施したという安心感からか、選手たちものびのびとプレー。投手陣が今ひとつ調子が上がらなかったが、ポールが二試合連続となるホームランを放つなど、打線は絶好調で、二十七対六と大差で下す。

ガーナにとって、記念すべき、国際試合公式戦初勝利である。

決勝トーナメントに向けて、望みが出てきた。すべては、明日。対ジンバブエ戦で決まる。

闘争心

第三戦、ジンバブエ戦。この試合を落とすと、残るは南アフリカとナイジェリア。いずれも強敵であり、この二つを落とせば、一勝四敗となって、決勝トーナメント進出は絶望的となる。

この試合は、まさに背水の陣である。

前夜のミーティングで、ジンバブエチームの戦力分析を行ったが、何よりも大切なのは、「闘争心」。

これを引き出すために、私は、この予選に限らず、試合前の選手たちに何を言おうか、いつも試合前夜から考えている。

この日は、実は慶彦が、はるばる日本から試合観戦に来る日であった。もちろん、「奇跡体験！アンビリバボー」の企画である。そこで、私は、選手たちに「日本から来る慶彦さんにぶざまな試合を見せないよう、頑張ろう」と言おうと考えていた。

だが、試合前の練習をしているとき、元ジンバブエ隊員で、ジンバブエチームの事情に詳しい堤隊員が、私に貴重な情報を提供してくれる。

「友成さん、ジンバブエチームは、ガーナをなめてるみたいですね。先発メンバーは、控え選手が多いみたいです」

「なんだって？」

「白人の監督のバーン氏は、ガーナは敵じゃないと思っているみたいですよ。ガーナの試合は、見に来ませんでしたからね。ほかのチームの試合は観戦しているのに」

そうか。よし、試合前ミーティングの発言内容変更だ。

選手たちを集め、先発オーダーを発表し、ブロックサインの確認をしたあと、私は選手たちに言った。

「ところで、みんな知っているか？　俺たちは、ジンバブエチームになめられているぞ」

ちょっと刺激的な話に、選手たちは怪訝な顔をする。

「ジンバブエチームは、各チームの試合を選手たちに見させているが、ガーナの試合は一度たりとも見に来ていないんだ」

輪になって私の話をきく選手たちの顔が少し紅潮する。

「それだけじゃない。今日ジンバブエチームは、控え選手を出してきているんだぞ！」

明らかにむっとした顔をする選手たち。しめしめ。

「そうなのか？　俺たちは、ジンバブエの控え選手でも負けてしまうようなチームなのか？」

選手たちの目つきがどんどん変わってきた。私も声のトーンを上げて言う。

「さあ、どっちが勝つんだ？」

「ガーナ！」

声を合わせて選手たちが言う。さらに大きな声で私は言う。

「どっちが勝つんだ？」

「ガーナ！」

ほとんど全員が声を合わせる。もういっちょうだ！

「どっちが勝つんだっ？」

「ガーナッ！」

最後はほとんど絶叫である。

よっしゃあ、盛り上がった！

ガーナチームの闘争心に火がついた。我がチーム、闘争心があるときの集中力はすごい。

さあ、ジンバブエを、たたきのめしてやれ！


試合が始まった。

先攻のガーナは、初回からジンバブエチームに襲いかかる。一番バッター、ジミーの痛烈なレフト前ヒットに、二番バッター、ラッソーが続く。三番ジョシュア、四番ポール、五番シャリフとつるべ打ち。一方、この日先発ピッチャーのフィーフィーも絶好調。守備も闘争心溢れるプレーでフィーフィーを盛りたてる。

二回終わって八対〇とリード。ジンバブエチームは、慌てて試合前半からレギュラー選手を投入してくる。

しかし、ガーナチームの怒りの攻撃は収まらない。三回には大量九点をもぎとり、守っては三回まで零封。十七対〇と圧倒的にリードする。

試合中盤に疲れたフィーフィーは捕まるが、抑えのエース、キューバ帰りのジュリウス投手が最後をぴしゃっとしめ、試合終了。

二十四対十で、よもやの圧勝である。

唖然《あぜん》とするジンバブエ。

一方、ガーナチームの選手たちは、まるで優勝したかのような大騒ぎ。かくいう私と、社領、堤も、思わず抱き合っての大喜びだった。

これで、決勝トーナメントに行ける！

アフリカ予選準決勝

第四戦と第五戦は、そんなわけで、負けてもいい試合となった。第四戦は、最強の南アフリカ共和国チーム。メンバーのほとんどが白人のこのチームは、体格の大きい選手がそろっており、まるでメジャーリーグチームの趣《おもむき》である。この試合までに、ナイジェリア、ジンバブエ、レソト戦を行い、三試合で総得点は九十九点。総失点三点。チーム力の次元が違う。それもそのはずで、南アフリカチームの選手の中には、アメリカ大リーグの予備軍（3A）に所属する選手が何人かいるという。チーム自体、日本の名門社会人野球チームと互角に試合ができてしまうらしい。

その南アフリカ戦には、未完の大器、荒れ球が武器のニックネーム「野人」ことシャリフを先発させてみたが、見ていて気持ちいいくらい（?）打たれに打たれ、終わってみれば三対二十八。しかし、この日の南アフリカの先発投手は、翌年からアトランタブレーブスに入団が決まっている投手ということで、百三十キロ後半と推定されるスピードボールを投げる本格派だった。それを相手に三点取ったというのは、ガーナチームの密かな自慢である。

第五戦は、盟友、ナイジェリア。これまですでに六試合の親善試合を行っている旧知の間柄であり、共に決勝トーナメントに進むことが決まっているので、試合は、互いに探り合いのような展開になった。

結果は、五対十四の敗戦であった。

この日、総当たりの一次予選が終わる。

決勝トーナメントには、南アフリカ、ナイジェリア、ガーナ、ジンバブエが進出することになった。

ガーナは、オリンピック予選初参加にして、三位で一次予選を通過し、決勝トーナメント進出の快挙を成し遂げたのである。

そして、決勝進出をかけて、準決勝の相手は、宿敵ナイジェリアとなった。

オリンピックを目指そう、と誓って三年前に始めたナショナルチーム。オリンピックアフリカ予選に出場することを目標にし、そして達成した。しかし、今、我々はその予選を三位で通過し、あと二つ勝てば、アフリカチャンピオンというところまで来ている。そして、これはシドニーオリンピックの予選である。オーストラリアがホスト国になるため、オーストラリアの野球チームは、自動的に出場権がある。これは、実はアフリカにとって大きなチャンス。なぜなら、オリンピックに出場できる枠は、アフリカとオセアニアでひとつ。アフリカの一位のチームと、オセアニアの一位のチームの勝者がオリンピックに出場できる。すなわち、オセアニアで頭抜けて強いオーストラリアがいないオセアニアとの枠争いとなり、アフリカから史上初めてオリンピックに出場する大きなチャンスなのである。

そう考えると、アフリカ予選の準決勝は、事実上、オリンピックまであと二つ、とも言える。

そして、次の試合に勝てば、メダルが確定する。

決戦前夜のミーティング。

負けたらオリンピックへの道が断たれるという意味では、最後の試合になるかもしれない。

この日のミーティングは、いつも以上に気合いが入った。

「さあ、いよいよ決戦だ。明日は、精いっぱい、俺たちの、ガーナの野球をやろう」

私、社領、堤が日ごろからうるさく言ってきた三つのポイントをおさらいする。

一つめ。エラーをした選手は、大きな声を出すこと。エラーは、しょうがないんだ。大事なのは、ほかの選手に影響を与えてしまうこと。だからエラーしても、俺は落ち込んでいない、頑張るぞ、ということを、責任をもってチームメートにアピールしろ。

二つめ。常に全力でプレーしよう。みんなの代表なんだ。怠慢プレーは、士気に影響を与える。

三つめ。常にコミュニケーションをとろう。次のプレーを、わかりきったことでも、当たり前のことでも、言葉で確認し合うこと。

ONE FOR ALL, ALL FOR ONE. ひとりはみんなのために、みんなはひとりのために。

「これを忘れず、一丸となれば、絶対勝てる」

沸き起こる拍手。

「そして、もうひとつ。大事なことを言う」

私は、野球のトーナメントで優勝したときに選手がどういう動きをするのかを説明した。彼らは、野球の試合を見たことがない。きっと知らないだろう。

「優勝決定戦では、勝利が決まった瞬間、選手たちはマウンドに走って集合するんだ。そして、ピッチャーを中心に抱き合って喜ぶ。ときには、監督や立役者を胴上げする」

それは、俺を胴上げしろ、と言っているようなもので、ちょっと照れくさかったが、やはり、彼らには、勝ったときの喜び方も知って欲しい。

「明日の試合は、もう後がない最終試合、優勝決定戦だと思って戦おう。勝った瞬間、全員マウンドに集合することを忘れるな」

「イエス、サー！」


普段は、ここでミーティングはお開きとなり、解散になるが、この日は、さらにこの後、選手をひとりひとり順番に監督室に呼んで、個別の面談を行った。どうだ、痛いところはないか？　調子はどうだ。明日は、三番目のピッチャーとして予定しているから、準備しておけよ。最初はベンチにいることになるけど、誰よりも大きい声で、フィールドの選手たちを励ましてやってくれ、などなど。

各選手のコンディションを把握することと、明日の選手起用を告げ、加えて、それぞれの選手に期待する役割、注意点などを、ひとりひとりに与えていった。


そして、決戦の日。

試合直前、最後のミーティング。

「さあ、もう何も言うことはない。ガーナの野球を見せてくれ。ナイジェリアをぶっつぶそう！　俺たちは勝てる！　試合後、マウンドに集まるんだ！」


だが、そうはうまくいかなかった。

ナイジェリアの先発は、サンデー投手。ナイジェリアの若きエースである。長らくヒジをこわし、かつてガーナに遠征試合で来たときは故障が癒《い》えず不調だった彼は、このオリンピック予選で復活していた。ナイジェリアは、エースを決勝戦ではなく、準決勝のガーナ戦にぶつけてきたのである。一年前の国際親善試合で対戦したときとは、見違えるばかりのスピードボールが、びしびし決まる。

これに対し、気合いでは負けていないガーナの選手たちだったが、連戦でやはり疲労がピークになりつつあり、動きが今ひとつよくない。それでも、立ち上がりに一点をとるが、その裏に、かつてナイジェリアをもっとも押さえた、先発フィーフィーが三点を奪われる。あとは、毎回、じわじわと一点ずつ加点されていく。

そして、ゲームセット！　一対十四。なすすべなく、完敗だった。

シドニーオリンピックへの挑戦は、これで潰《つい》えたのである。ナイジェリアの壁は厚かった。

贈る言葉

試合後、私は、ナイジェリアチームのベンチに挨拶に行った。ナイジェリアチームの選手たちとはもう旧知の仲なので、私を見ると手をあげて歓迎してくれる。

そしてベンチの隅にいたナイジェリアチームの監督を見つけ、歩み寄っていった。

「おめでとうございます。今日は完敗でした。」

八回目の対戦だった今日の試合。通算一勝七敗となったが、今日の試合で、まだまだ実力差があることを見せつけられてしまった。

四十代半ばくらいのちょっと小太りだが、筋肉質の身体にぴったりとあったユニフォーム姿のナイジェリアの監督。彼は、私の姿を見つけるやいなや、まるで親友を迎えるように、精悍《せいかん》な顔つきを崩し、満面の笑顔で私の差し出す手を握り返してきた。

「ミスター・トモナリ。ナイジェリアとガーナは、もうそんなに差はありません。今日はたまたま勝てたということです」

本職が軍医という彼は、常に礼儀正しく、紳士的な立ち居振る舞いである。

「監督さん、ぜひ、決勝では、南アフリカを破って、オリンピックに行ってください。西アフリカの野球の強さを見せてください」

ガーナ人と一緒に野球を始めて三年。黒人の中にいることが全く違和感がないばかりか、ときに自分が日本人であることを忘れてしまう。このときも、なんだか、自分がガーナ人で、同じ西アフリカ人であるという気持ちだった。

そんな私の「同胞意識」が伝わったのか、彼もまるで私がガーナ人であるかのように話す。

「ガーナの野球は、目覚ましい進歩を遂げています。それを一番感じているのが、我々ナイジェリアチームですよ」

「ありがとうございます。ナイジェリアチームはガーナ野球にとって、目標であり、盟友です。なん

盟友ナイジェリアとの熱戦のあと

とか、明日の決勝では、ガーナの分も頑張ってください」

「ええ、頑張りますよ。でも、次回のオリンピック予選では、ぜひ決勝で戦いましょう」

　そう言われて、ふと私は現実に戻った。実は、私はこのとき、十一月に帰国するようジャイカ本部からすでに辞令が出ていたのである。

　そうだ。私は日本人。サラリーマンだ。ガーナを去らなければならない。

　私が帰国することになったことは、思うところあって、まだガーナの選手たちにも言っていない。しかし、もうこうして彼と話すこともできないと思った私は、十一月に日本に帰ることになったことを告げた。

　すると、ナイジェリアの監督は、一瞬、びっくりして目を見開き、眉間にしわを寄せながら言った。

「そうですか。日本にお帰りになるんですか。私はあなたがこれからもずっとガーナチームの監督でいると思っていました。大変残念です」

　しんみりした声で、私をねぎらってくれる監督。温かい人である。

「これまで、本当にありがとうございます。これからも、引き続き、ガーナチームと交流を続けてください。決勝戦の健闘をお祈りしています」

そう言って、帰ろうとする私に、ナイジェリアの監督は、言う。

「ミスター・トモナリとミスター・シャリョウのご尽力は、ガーナにとって忘れられないものでしょう。でも、それは、ナイジェリアにとっても同じことですよ。私たちは、あなた方の貢献を忘れない」

私の目を真っすぐ見つめながら、話す監督。さすがにこの言葉はこたえた。敗れ、去り行く私に、これ以上の贈る言葉があるだろうか。

不覚にも目頭が熱くなっていく。

もう声が出なくなってしまった私は、彼の手をもう一度固く握り締め、会釈して、走ってガーナベンチに戻っていった。

ガーナとナイジェリアの野球を通じた交流は、これからも続いていくだろう。こういう人が、ナイジェリアの野球を支えているのだから。

マウンドへの招待状

ナイジェリア戦敗戦の夜。

その日のミーティングは、気分転換に夜をゆっくり過ごしたほうがよかろうと、いつもより早めに行ったが、選手たちの表情はさすがに暗かった。元気を出させようと、あれやこれや言っても、反応は鈍い。

まあ、しょうがないだろう。今日はゆっくり寝てもらって、明日気を取り直させよう。

オリンピックへの道が閉ざされたからといって、まだ、大会は終わっていない。明日はジンバブエと、メダルをかけて、三位決定戦がある。連日、オールアフリカゲームの結果は、ガーナでマスコミに報道されているようだったが、やはりメダルを取ると、インパクトが違う。

野球をガーナ人にアピールするためにも、なんとか、メダルを持って帰りたい。


ところが、ミーティングであんなに暗かった選手たちが、その後しばらくしてわいわい騒ぎ出した。明日に向けて気持ちを切り替えたのだろうか。

ちょっと部屋を覗くと、そんな中、一人孤独感をにじませ暗いままでいる選手がいた。ケイケイである。

心配になった私は、ケイケイを宿舎から引っ張り出し、道ばたのはずれに連れていった。

ケイケイは、この大会、先発出場こそしていないが、代走や守備要員として要所要所で活躍していた。特に走塁では、闘志溢れるスライディングでチームの士気を盛り上げる。精神的に貴重な戦力となっているが、疲労がたまって肉離れ寸前になっており、ひざも傷めてしまっている。

「ケイケイ、選手の様子はどうだ？　みんな少し、元気が出てきたみたいだけど」

ケイケイを元気づけるために、まずは選手の様子をきいてみた。

「もう大丈夫ですよ、ミスター・トモナリ。みんなすっかり元気です。心配ありません」

そういうケイケイは、やはり元気がない。

「どうした。怪我しちゃったのは残念だが、お前が一番元気を出さなきゃ」

「はい。大丈夫です」

ちょっと背中を丸めながら素直に返事をするケイケイ。

「それにしても、我がチームの選手たちは、気分転換が早いよなあ」

私は何気なく独り言のように呟《つぶや》いた。

すると、その言葉にケイケイが怒ったように目を剥《む》き、私を見つめながら言う。

「理由があるんですよ、ミスター・トモナリ」

「理由？」

「メダルを取ると、スポーツカウンシルから、メダリスト全員に千ドルが払われると聞いて、騒いでるんです。あいつら、もう明日の試合に勝って、メダルとって金をもらうことしか、考えていないんですよ」

うーむ、なんだか、ガーナらしいなあ。カネのために野球やっているんじゃない、がポリシーのケイケイは、金が出ると聞いて敗戦の悔しさを忘れてしまうチームメートたちがおもしろくないようだ。

いいじゃないか、ケイケイ。動機はどうあれ、それで、気分が切り替わって、ベストの精神状態で試合に臨めるのなら。

ガーナの野球にとって、メダルを取ることは、カネには換算できないくらい価値のあることなんだから。

そして、九月十八日。大会最終日。

ガーナ・ナショナル野球チームが、このメンバーで戦う最後の試合でもある。

ジンバブエは、予選で一度勝っている相手だ。自分たちがベストを尽くせば、勝てる。

前日夜までそう確信していたのだが、試合当日の朝、思わぬピンチに見舞われる。

「ミスター・トモナリ。フィーフィーとジュリウスが試合に行けません！」

「何だって！」

前回、ジンバブエ戦で、三回まで零封したフィーフィーは、この日の二番手投手として登板予定だった。そして、ジュリウスは、抑えのエースだ。聞けば、二人とも、朝から激しい下痢に見舞われ、トイレから出られないらしい。

これは、痛いなんてもんじゃないぞ。

しかし、どうしようもない。ふたりには、下痢止めを与えて、後から来るように伝え、とりあえずグラウンドに向かった。

いきなり厳しい状況だが、とにかく一丸とならなければ。

試合前のミーティング。私は、選手たちに、自分に辞令がでて、日本に帰らなければならなくなったことを伝えることにした。この話をいつ言うべきか、私はタイミングをはかっていたのだが、最後のこの日になってしまった。

「そんなわけで、私は来月十月に日本に帰る。この試合が終わってガーナに帰っても、もう君たちと野球をやる機会はないと思う。今日が、私にとっては、君たちと野球をやる最後の日になる。三年間、どうもありがとう」

本当は十一月下旬に帰国なのだが、切迫感を持ってもらうために、一ヶ月ほど、サバをよんだ。

この私の言葉に選手たちはどう反応するか。やっと帰るのか、これで厳しい練習をやらなくてすむぜ、なんて思っている輩ももしかしたらいるかもしれない。

「今日の試合は、我がチームのためだけではなく、ガーナ野球の未来のためにも、重要な試合だ。試合開始は十一時。今日こそ勝って、二時にはみんなでマウンドに集まろう」

そう言って、激をとばすと、選手のひとりが、私に声をかける。

「ミスター・トモナリ。心配しないでくれ」

声の主はジミーだった。

かつて、このチームのエースで四番だった彼は、その後、ほかの選手の実力が向上するにつれ、影が薄くなっていった。肩も壊してしまい、今や、ピッチャーもできないが、俊足と勝負強い打撃を生かすべく、この大会では、一番バッターとして外野手で起用し続けた。

ジミーの悪い癖は、すぐ集中力をなくすこと。練習態度も不真面目で、私はよく彼を本気で怒ってきたものだ。しかし、一方で、よくも悪くもチームのリーダー的存在であり、ジミーの存在が、チームに与える影響は大きい。

この大会期間中、私は彼に「頼むぞ。お前がチームを引っ張れ」と囁き続けてきた。そのジミーが言う。

「俺たちが、試合終了三十分前に、ピッチャーマウンドへの招待状をトモナリに送ってやるよ」

パーティーなどのイベントを開くとき、ガーナでは、必ず招待状を送る習慣がある。

俺たちは、絶対勝つ。招待状は、勝利の約束だ。

なんてくさいセリフだ。

でも、かっこいいじゃないか！

私は、思わず、自分が映画の中の役者になったような気がした。よし、約束は守ってくれ。招待状待ってるぜ！

メダルに代えて

しかし、試合展開は、開始早々暗転していく。

この日先発したエースのジョシュア。一回、二回と得点は許すが、調子は悪くなかった。下痢で選手村に残ったフィーフィーとジュリウスが、試合開始直前に合流したが、準備運動もろくにやっていないので、先発のジョシュアに少しでも長く投げてもらわなければならない。

ところが、二回裏に、この日二度目のアクシデントが起きる。

ジョシュアが、三塁打を右中間に放ち、三塁を回って足を捻《ひね》ってしまう。激痛に悶《もだ》えるジョシュア。タンカでベンチに運ばれる。足の甲がみるみる腫《は》れ上がっていく。靭帯《じんたい》をやってしまったらしい。

「ジョシュア。大丈夫か?」

最後の試合にかけていたのだろう。いつもひょうひょうとしているジョシュアが悔しさで涙を流している。

「ジョシュア、病院に行け。交代だ。あとのことは心配するな。」

攻守の要、ジョシュアが離脱。

これが、この試合のターニングポイントになった。

このあと、出る投手が次々サンドバッグのように打たれる。野手も緊張感が切れたのか、フライが捕れず、ゴロも捕れず、暴投が続出。無力な私は、この劣勢の流れを変えることができなかった。最後の最後で、ガーナの野球はおろか、野球にならないゲームとなってしまったのである。結果は八対二十八。惨敗だった。四位が確定し、メダルを獲得することはできなかった。

ガーナ・ナショナルチームの挑戦は、ここで終わった。

試合終了後、私は喜びに沸くジンバブエベンチに行き、監督に挨拶してガーナ側ベンチに戻ってくると、ほとんどの選手たちはまだベンチに座っていた。みんな放心状態だ。攻守ともに大車輪の活躍で、チーム結成当初から、今日の試合の最後までムードメーカーとしてチームを引っ張ったポールが、大きな目から涙をぼろぼろ流しながら、まっすぐ前を見つめている。その隣では、ナショナルチームの練習に参加するために、床屋で交通費を稼いでグラウンドにやってきたシャリフが、大柄の身体をかがめて嗚咽を漏らしている。その後ろには、大きなカーブを武器に内野手から投手にコンバートして必死に頑張った、大柄でまだ若いヘンリーが、大粒の涙を拭《ぬぐ》おうともせず、鼻をすっている。

そして、キャプテンのケイケイは、いつもの人なつっこい笑顔を見せず、こわばった表情で無言のまま下をうつむいていたが、すっと顔をあげると、ひとり立ち上がってベンチを出て、道具を片付け始めた。

私はケイケイに近寄り、作業している彼の背中を抱くようにして言った。

「ケイケイ、最後までよくチームを引っ張ったな。」

私の言葉にケイケイの頬が一瞬緩む。

「そう落ち込むな。オリンピック予選初出場でアフリカ四位になったんだ。次回の目標だってできたじゃないか」

続けてなぐさめる私に、しばらく無言だったケイケイは、バットを拾う手をとめた。

「ミスター・トモナリ。心配しないでください。実は、僕は悔しさの前に、今ここにこうしていることと、オリンピックの予選に出場するためヨハネスブルグに来ていることが信じられないんです」

私は何が何でも彼らをオリンピック予選に連れて行こうと強く決意していた。その実現のためにケイケイとグラウンド外でも一緒に汗を流してきた光景が、思い浮かんでくる。

しかし、一年前に実現した初めての国際試合ナイジェリア戦のあと、多くの選手が無気力状態になってしまったことが脳裏をよぎる私。

「頑張ったからこそ現実になったんだ。ここで終わりと思っちゃいけない。これからだ」

心配する私の気持ちを察したのか、ケイケイは力強い表情になって言う。

「ガーナ人は、いつも今日のことに精一杯です。選手たちもそうでした。今日がよければいい、楽しければいい、そう思っていました。でも、オリンピックに挑戦しよう、という夢を持った。ただ野球を楽しむんじゃなくて、野球で頑張ること、そして大きなことに挑戦するという目的を持てたんです。」

そう言うと、ケイケイはまだベンチにいる選手たちをチラっと振り返り、また続けた。

「ご存知の通り、選手たちの中に、満足な状態で野球をやれるほどの余裕のある者はほとんどいませ

ガーナを代表して賞状をもらう筆者

ん。学校に行きたくても行けないやつ。病気になっても金がなくて病院にいけないやつ。僕も、みんなも、毎日苦しい生活です。でも、金がなくて交通費もままならないやつは遠い道のりを歩いてグラウンドに来ました。その日の食事がなくて、空腹のままグラウンドに来るやつもいました。それでも野球を続けてきたんです。」

すっかりいつもの早口な口調に戻ったケイケイ。

「僕たちは今日負けました。悔しいです。でも……」

ここで言葉を切ったケイケイは、最高の笑顔を見せて言う。

「でも、幸せです。」

ガーナの選手たちは何を野球に求めたのか。

野球とは、彼らにとって何だったのか。

たかが野球。されど野球。

ケイケイが常々私に言っていた言葉。

「baseball is my life」（野球は僕の人生です）

ケイケイをはじめ、彼らの生活の中に、野球はすでになくてはならないものになっていた。日本では考えられないような厳しい環境のなか、苦しくてもつらくても、グラウンドにやってきた。そして、オリンピックを目指すという目標に本気になり、「うまくなりたい」という思いが彼らに歯を食いしばらせた。

今日負けたこの思い、悔しさは、きっと次につながるだろう。「もっとうまくなって勝ちたい」という思いが、彼らの向上心をさらに引き出してくれるのではないか。

私が日本に帰り、社領や堤隊員も帰ったあと、ガーナの野球を自分たちの力で背負っていく彼ら。悔しい思いが、闘争心となり、発展の原動力になっていくのではないだろうか。

そしてそれが、彼らにとっての、次の「幸せ」なのではないか。

そう考えたとき、私の中から悔しさがすーっと消えていった。

むしろ、負けてよかったのかもしれない。

この結果こそ、ガーナに次なる力を与えるのだ。

選手たちが、ようやく椅子から立ち上がり始め、荷物を肩にかついで、ひとり、またひとりとベンチから出ていく。そんな彼らの背中をいちばん後ろで見守りながら、私も歩き始めた。

ガーナ野球の大いなる挑戦を受け止めた早春のヨハネスブルグの野球スタジアム。よく整備された外野の芝生が、まだ高い太陽に照らされてまぶしい。

少し暑さを感じ、ライトのファウルグラウンドで立ち止まりグラウンドコートを脱いだとき、一瞬、自分の汗の匂いが鼻をかすめた。

未来への章　生きがい

人間らしさ

「おはようございます、ミスター・トモナリ」

「おはよう、ポール。大盛況だな」

「小学校チームが四チーム、中学校チームが六チーム、あわせて十チームの大会になります」

「観客の人数もすごいな」

「みんな野球に興味があるんです。もっと野球をやりたい子供たちが増えますよ」

楽しそうに話す、ヨハネスブルグの予選では四番を打つなど大活躍だった元気者、ポール。ガーナに帰国後、彼の野球に対する情熱はさらに大きくなっているようだ。

向こうのグラウンドでは、他の選手たちが小学生の大会グラウンドを設営している。


平成十一年十一月。アクラの隣町、テマ。

この日、ガーナ史上初めての少年野球大会が行われた。参加少年人数百五十人。観客人数推定五百人。特設テントにはアンプシステムが設置され、ナショナルチームのヘンリー選手がナレーターを務める。審判は、ポール、ジョシュアら若手選手たち。

三年間のガーナ勤務を終え、あと二週間でガーナを去る私が、この日有給休暇を取ってグラウンドにいるのは、ほかでもない、この歴史的な少年野球大会の始球式を務めるために招待されたからである。子供たちが、グラウンドに集まり、大会ルールの説明が始まる。そして主催者として学校関係者の挨拶。ここで野球の普及活動に最も熱心だったジョージがマイクを持って、私を紹介してくれた。

「みなさんに紹介しましょう。ガーナ・ナショナル野球チームの監督、ミスター・トモナリです」

セカンドベース付近で立っていた私を少年たちが振り返って見る。観客席からは大きな拍手が起こった。

「ミスター・トモナリがオープニングピッチ（始球式）を行います。どうぞ」

促されて、私は、おずおずとスーツ姿でグローブを持ってマウンドに上がる。キャッチャーは、ヨハネズブルクの最終戦で怪我した足のギプスがようやくとれ、元気になったジョシュアだ。打席に少年が立つ。みんなの注目が集まるなか、照れつつ若干緊張ぎみの私は、ジョシュアの構えたミットに向けて、山なりのスローカーブを投げた。


この日の少年野球を皮切りに、たくさんの少年野球大会が開催されていった。アクラで、テマで、堤隊員を中心に、ポール、ジョージら、ナショナルチームの選手たちが手伝いながら、野球がどんどん広がっていく。今や、新しいスポーツ、野球をやるのが、少年たちのファッションになりつつある。この日の野球大会の熱気で、私はそれを実感した。

バックネット裏に事務局を設営し、陣頭指揮をとる堤隊員に声をかけた。

「堤、よくここまでやったな。始球式に呼んでくれてほんとに光栄だ。ありがとう」

「来週はアクラでやりますよ。そっちも来てください」

「それにしても、こんなに大勢の人が来るとはなあ」

少年野球大会。審判はナショナルチームのジョシュア選手

「時間がいくらあっても足りません。道具も足りないですね」

「そういえば、グローブ製作の話はどうなってる？」

「順調ですよ。もうすぐガーナ製グローブ試作第一号ができますよ」

堤隊員は、かつて、ジンバブエでの隊員活動時代に、グローブをはじめ、野球の道具をジンバブエ国内で製作する試みをしたことがあった。ガーナでも、彼は地方の職業訓練校の隊員と協力して、ガーナ製グローブの製作にチャレンジしている。グローブが圧倒的に足りないので、ガーナ国内で生産ができるようになれば、産業育成にもつながる。

「グローブ、できたら見せてくれよ。じゃあ、頑張ってな。お先に」

始球式の大役を果たし、堤隊員と選手たちに激励の言葉をかけ、私は、グラウンドの脇の木の下に停めていた車に乗り込んだ。熱気でムンムンの車内。エンジンをかけてもしばらくしないとハンドルが熱くて握れない。車内が冷えるまで、私はぼーっとグラウンドを眺めていた。

一心不乱にボールを追う少年たち。審判をしながら、大会を運営するナショナルチームの選手たち。そして、野球隊員。

野球隊員が派遣されるまでには、紆余曲折があった。ガーナ側の準備が遅々として進まないこと。野球隊員の必要性が、要請を受理する日本側になかなか理解されなかったこと。

だが、私は必死だった。ガーナに野球を根付かせるために、私の後を引き継ぐ野球隊員が必要だ。日本の多くの方々の支援が無駄にならぬように。そして、将来、野球を普及させ、多くのガーナ人に野球が親しまれるように。

しかし、野球隊員を呼ぶために奮闘していた一方で、実は私には自信がなかった。

この貧しい国、ガーナで、本当に野球が必要なのか。

人間らしい生活をするために必要なものがある。衛生的で、安全な水。最低限の保健医療環境。食糧。教育。これらを総称して、ベイシック・ヒューマン・ニーズ（Basic Human Needs＝ＢＨＮ）、すなわち「人間の基本的欲求」と言う。貧しい国であればあるほど、これらＢＨＮに重点を置くことは極めて当然のことだ。

私は、ジャイカ・ガーナ事務所で、保健医療分野や、教育分野のプロジェクト、ガーナの地方の貧困対策などの国際協力事業の実施運営を担当していた。劣悪な保健衛生事情や、改善すべき教育問題など、ガーナが取り組むべき課題は多い。日常で、それらの問題にガーナ政府やジャイカのプロジェクト関係者と取り組んでいると、野球なんてたかが遊び、と考えざるを得ない。ガーナにとって本当に必要な、優先順位が高いものは、ほかにいくらでもあるのではないか。

だから、正直にいえば、私はガーナ野球連盟の委員として野球隊員の要請をしつつ、実は、どこか引け目を感じていた。


ヨハネスブルグのオリンピック予選からガーナに帰ってきてしばらくしたある日。私はガーナに滞在する保健医療関連のジャイカの専門家との打ち合わせがひと段落つき、そのまま事務所の会議室で雑談をしていた。

「友成さん、ナショナル野球チームのヨハネスブルグの予選での活躍は、ガーナのマスコミで結構とりあげられてましたよ」

「そうですか。それで野球がますます盛んになると嬉しいですね」

「野球隊員の堤君もがんばってますね。こんなに短期間で、野球がこれほど広まるなんて、すごいことですよ」

「ええ、そうなんですけどね……」

この話題をふられると、いつも素直に喜べない。実は、野球隊員の必要性について自分自身が疑問を感じていると告げる私に、その専門家は言う。

「友成さん。保健医療の専門家にとって、国際協力をやるうえでひとつの壁を感じることがあります。それは、その保健医療のプロジェクトが仮にうまくいったとして、住民がそれで本当に人間らしい暮らしができるようになるかどうかは別問題だということなんです」

「え？　どういうことですか？」

「つまり、井戸が掘られて安全な水が確保できるようになり、近くに立派な病院ができて、保健医療の環境が整ったとしますよね。では、それで、彼らは人間らしさを満喫できるのか、ということです」

「う〜ん、人間らしさって、なんですかね？」

「そこなんです。それが野球なんじゃないですか？」

「えっ？」

「たとえば、野球ということです。野球が大好きな少年がいたとします。その子の住む地区には、井戸が近くにはない。病院だって遠くにある。でも、野球がある。毎日、近所の友達と学校で野球をやっている。

　もし、その少年が、逆に、井戸が近くて、立派な病院も近くにあるけど、野球をする友達のいない地区に行くことになったとします。彼にとって、どっちが人間らしい生活ができると思いますか？」

　なるほど。私なら、間違いなく前者だ。

「つまり、人間らしさとは、生きがい、なんじゃないでしょうか。保健医療なんかの協力は、BHN、すなわち人間の基本的欲求は満たしますが、生きがいまでは提供できない」

「生きがい、ですか」

「野球は、ガーナの人たちに新たな生きがいを提供しているんじゃないんですか？」

白球を追う少年たちの目の輝き。

チームの代表として打席に入るときの緊張感。

打ったあとに精一杯走るスリル。

みんなで分かち合う、喜びや悔しさ。


私は、二十五年近く野球をやってきたが、ガーナの子供たちが野球をやる姿を見ていると、改めて野球の魅力に気づかされる。どこまでも、どこまでも、魅力的なスポーツ。それが、野球だ。

今、ガーナでは、千人を超える少年たちが、野球に親しみ始めている。野球を生きがい、と感じている少年たちがどれだけいることだろう。

アフリカで生まれた子供は、たとえ高い乳児死亡率をくぐり抜けても、厳しい生活環境のなか、「貧困」と闘いながら生きていかなければならない。しかし、どんな状況であれ、人間として生まれてきた以上、人間らしく生きていく権利があるはずだ。

野球がやりたい！

その思いが、子供たち、若者たちの、生きていく糧になれば。

夢のつづき

平成十一年十一月十七日。私は、会社の仲間やナショナルチームの選手たちとともに空港にいた。日本に帰国するこの日、私の出発を見送りにきてくれた人たちひとりひとりと挨拶を交わしていく。会社の同僚、在留邦人の方々、ガーナ人の知人、堤隊員やナショナルチームの選手たち。そして最後に声をかけたのがキャプテン・ケイケイだ。

ガーナでの三年間は彼との二人三脚であったといっても過言ではない。お互いに敬意をもって接してきたが、時には口論になったり、誤解や行き違いで険悪になることもあった。しかし、彼こそ私の最大の理解者でもあった。

私は、万感の思いとともに彼の手を握る。

「ケイケイ、お前とはいろいろあったな」

いつもの人懐っこい笑顔を見せるケイケイ。やや薄暗い空港の蛍光灯の光が、彼の肩にぼんやりとふりそそぐ。

「俺が帰ったあとも、チームを引っ張っていってくれよ。そして、次のオリンピック予選を目指して頑張れ。俺は今度は観客として、応援に来るよ」

「イエス、サー。でも、そのころは、僕はもう引退です」

ちょっと寂し気に笑うケイケイ。もともと喘息《ぜんそく》持ちのケイケイにとって、ナショナルチームの日本式猛練習は本当につらかったに違いない。それに加えて、三十路が近い年齢。南アフリカで傷めた膝や腰は、ガーナに帰国した後も治っていない。

「何言ってるんだ、ケイケイ。そんなこと言うなよ。まだまだいけるよ。若さは気から、だぞ」

こんなことを言うと、なんだか私まで老けてしまいそうだ。しかし、冗談で言った私に対して、ケイケイは真剣な面持ちになって言う。

「野球はできる限り続けます。でも、いつまでも僕がチームのリーダーではだめです。この三年間、ミスター・トモナリが築き上げたガーナ野球の土台をもとに、裾野をもっと広げていくことが大事だと思ってます」

おお、なんて優等生的な発言だ。わかってくれているじゃないか、ケイケイ！

「ガーナの野球には、可能性がある。四年後、本当に期待しているぞ」

そう言いながら、ちらりと腕時計に目をやる私。搭乗まで残り時間が少なくなってきた。

「じゃあな、ケイケイ」

最後にもう一度手を握る。その手をやさしく握り返してきたケイケイは、しかし、力強く言った。

「ミスター・トモナリ、本当にありがとうございました。この三年間、とても充実していました。自分が味わったこの充実感をもっと若い選手たちに引き継いでいきます。四年後は、彼らが主役です」

お礼を言うのは、こっちだよ。

この三年間で見えないものが見えてきた。ガーナの野球が私を鍛えてくれた。我が思いは、ただただ、ガーナへの感謝の気持ち、それだけだ。

私の離任後、ガーナ・ナショナル野球チームは、四年後のオリンピックに向けて、再び活動を始めた。

今後、野球がガーナに普及していけば、いつか、オリンピックに出られる日が来るかもしれない。きっとそのときは、野球隊員やナショナルチームの選手たちが育てた少年たちが中心選手となっているのだろう。

私が、ガーナの選手たちと見た夢は、オリンピック出場だった。今回、果たせず終わったその夢は、しかし、オリンピックがある限り、まだまだ続く。いつか夢がかなうときがきたら、それは、野球がガーナに根付き、多くの人々に親しまれていることの証《あかし》となるだろう。

目指せ、オリンピック！

野球が生きがいの少年たち、若者たちの、未来のために。

あとがき

ガーナの野球のはじまりは、一人の少年の野球との出会いがきっかけでした。父親の仕事の関係でザイール（現コンゴ民主共和国）に滞在していたとき、少年は当地のアメリカ人に野球を教わったのです。

生まれて初めて手にしたグローブとバット、そして白球。野球の魅力に取り付かれた彼は、一九八一年にガーナに帰国した後、さっそく近所の友人たちに野球を教え、細々と、しかし絶えることなく草野球を続けました。

その少年が、後のナショナル野球チームのキャプテンとなるケイケイです。彼こそがガーナの野球の礎を築いた、ガーナ野球の父、と言えるでしょう。

そんな彼と私が、二人三脚で本格的に始めたガーナの野球は、日本全国のたくさんの方々のご支援、ご声援のおかげで、大きく育ちつつあります。

私がガーナから帰国して三年の間に、青年海外協力隊員とナショナルチームの選手たちによって、六十校以上の学校に巡回指導が実施されました。学校や青年たちのクラブチームも次々と設立され、女子ソフトボールチームも含めて、今や千人以上の少年少女、若者たちが野球、ソフトボールを楽しめるようになっています。

彼らの野球との出会いは、ナショナルチームの活躍と、日本全国から送られてきた野球道具がきっかけです。

ここに改めて、ガーナの野球を支援していただいた全国の皆様、ガーナ在留邦人の皆様、株式会社デサントの関係者の皆様、リクルートグループの皆様、プロ、アマ野球関係者の皆様、我が母校関係者の皆様、社領コーチの関係者の皆様、在京ガーナ大使館の皆様、マスコミ、フジテレビ・アンビリバボー関係者の皆様、そして私の活動を温かく見守っていただいたジャイカの先輩、同僚諸氏、さらに、ガーナ、ナイジェリア、ジンバブエ、トーゴ、日本の知人、友人すべての皆様に、心より厚く御礼申し上げます。

本書は、そんな皆様へ、遅ればせながらガーナ野球の顛末をご報告させていただきたいということと、日本人にとってはまだまだ縁遠いアフリカを、より多くの方々に少しでも身近に感じてもらいたい、という気持ちから書き記しました。

私が過ごしたガーナ野球との三年間に起こった出来事は本文で紹介した通りですが、スペースの都合上どうしても触れることができなかったエピソードがこれ以外にも数多くありました。そのうちいくつかをご紹介させていただきます。

実は、ガーナ・ナショナル野球チームを強くするために、直接現地まできて指導してくださった方は、高橋慶彦さん以外に二人いらっしゃいます。

お一人は、現在ジンバブエにご在住の村井洋介さん。一九九二年に青年海外協力隊で初めてアフリカに野球隊員として派遣された彼は、帰国後またジンバブエに戻り、現地で会社経営をしながらナショナルチームのコーチをされています。朝日新聞のガーナ野球紹介記事を見た村井さんが、ガーナにいる私に連絡をしてこられたのがきっかけで、ファックスによる文通が始まりました。かつて社会人野球でピッチャーを務めていた経験のある村井さんに、ナショナルチームのコーチをお願いしたところ、二つ返事で快諾していただき、ガーナまではるばる遠征してもらったのです。野球に対する情熱と、実力と経験に裏打ちされた彼の指導は、すばらしい成果を生み、特に投手陣の実力を大きく向上させてくれました。村井さんの教えがなければ、オリンピック予選で準決勝まで進むことなぞとてもできなかったでしょう。

そしてもうお一人は、元デサント社営業部長の渡辺博敏さんです。本書にもデサント社からユニフォームなどを無償提供していただいたことを紹介していますが、本件をご担当されていたのが渡辺さんです。彼は元プロ野球阪神タイガースの投手で、現役引退後、デサント社に勤務されていました。ガーナ・ナショナルチームの挑戦に大いに共鳴していただき、ヨハネスブルグのオリンピック予選出場が決まったときは、新たに別デザインのユニフォーム一式を再度無償で提供していただいただけでなく、わざわざガーナまで、それも会社の出張ではなく自費で届けに来てくださいました。そしてさらに、ガーナ滞在期間中は、毎日朝から夜遅くまでチームの指導をしてくださいました。

このガーナ・ナショナル野球チームにとって恩人であるお二人の話は、本来本文で紹介すべき内容です。感謝の気持ちとともに、ここで簡単ながら触れさせていただきました。

そして、もうひとつのエピソードは、オリンピック出場をかけたヨハネスブルグでのアフリカ予選大会終了直後の話です。

アフリカ野球連盟の会長であり、ナイジェリア野球連盟の会長でもあるウイリアムス氏が、私と社領氏に手紙を手渡してくれました。その内容を一部ご紹介させていただきます。

ガーナ野球連盟気付
友成晋也様

私どもアフリカ野球連盟は、ガーナの野球に、またオールアフリカゲームに初出場する機会を与えたことに対し、最大の賛辞と心からの感謝を申し上げます。

この度の大会における見事な実績を残したチームづくりは、あなたの熱心さ、献身ぶり、寛容さによるものであることに疑いの余地はありません。

私どもは、あなたがどこにおられようとも、アフリカ野球の貢献者であり、支援者であり、友人であることを望みます。そして、あなたが日本で「アフリカ野球の友」と名付けられた団体を設立していただきたいと思います。
～中略～
どうぞ、あなたの費やしていただいたお金と時間に対する我々の感謝の気持ちを受け止めてください。私たちは、決してあなたのことは忘れません。あなたの今後の人生におけるご活躍とご成功をお祈りします。

アフリカ野球連盟会長
イショラ＝ウイリアムス

三年のガーナ生活は、私の野球観、人生観を大きく変えてくれました。多くの貴重な経験と、ガーナをはじめ、ナイジェリア、トーゴ、ジンバブエなど、アフリカ各国にできたたくさんの友人は、私にとってかけがえのない財産です。

そこで、私はアフリカと野球を通じて親善、交流をはかるＮＰＯ「アフリカ野球友の会」を設立いたしました。

野球を通じてできた日本とアフリカの絆を大事に、そしてさらに大きく育てていきたい。

そんな思いと、アフリカ野球連盟会長のご提案を受け、活動を始めました。

アフリカで白球を追いかける子供や青年たちに、道具を集めて送ったり、在日アフリカ人と野球を通じて交流するプログラムを用意しています。中古の野球道具がありましたら、どうぞ事務局までお寄せください。将来的には、野球を通じた人材交流などもできればと考えています。

また、会の詳しい内容は、ホームページ（URL : http : //www.catchball.net）をご参照いただくか、アフリカ野球友の会事務局（TEL〇三-三五三〇-八〇八九）までお問い合わせください。

なお、「アフリカ野球友の会」は会員を募集しています。アフリカ人と野球をやってみたい、交流したい、という方、どうぞ友の会の活動に参加してください。

最後にご報告です。

ケイケイからの最近の連絡によれば、ガーナ・ナショナル野球チームは、アテネオリンピック出場をかけたアフリカ予選であるオールアフリカゲーム・ナイジェリア大会への出場が決まったとのことです。青年海外協力隊から、現在四代目の野球隊員がガーナに派遣されていますが、彼が私に次いで二代目の監督となり、前回の雪辱を果たすべく、チーム一丸となって練習に励んでいるようです。

果てしない夢に向かって頑張る彼ら、ガーナの少年少女たちの憧れと夢を背負って前進する彼らに、どうぞ大きな声援を送ってあげてください。

なお、本書出版にあたり、多くの方々に助言をいただきました。ここに感謝の気持ちを記します。

平成十五年　夏

アフリカと白球

2003年8月15日　初版第1刷発行
2003年9月5日　初版第3刷発行

著　者　友成 晋也
発行者　瓜谷 綱延
発行所　株式会社 文芸社
〒160-0022　東京都新宿区新宿1-10-1
電話　03-5369-3060（編集）
03-5369-2299（販売）

印刷所　神谷印刷株式会社

©Shinya Tomonari 2003 Printed in Japan
乱丁・落丁本はお取り替えいたします。

ISBN4-8355-6245-3 C0095